儿童友好视域下数据驱动的教育评价改革校本化实践

汪凌　主编

吉林大学出版社

·长　春·

图书在版编目（CIP）数据

儿童友好视域下数据驱动的教育评价改革校本化实践 /
汪凌主编. -- 长春：吉林大学出版社，2023.8
　　ISBN 978-7-5768-2016-4

　　Ⅰ.①儿… Ⅱ.①汪… Ⅲ.①小学教育—教育研究
Ⅳ.①G622.0

中国国家版本馆CIP数据核字（2023）第165002号

书　　名　儿童友好视域下数据驱动的教育评价改革校本化实践
　　　　　　ERTONG YOUHAO SHIYU XIA SHUJU QUDONG DE JIAOYU PINGJIA
　　　　　　GAIGE XIAOBENHUA SHIJIAN

作　　者　汪　凌
策划编辑　曲天真
责任编辑　滕　岩
责任校对　张宏亮
装帧设计　思享文化
出版发行　吉林大学出版社
社　　址　长春市人民大街4059号
邮政编码　130021
发行电话　0431-89580028/29/21
网　　址　http：//www.jlup.com.cn
电子邮箱　jldxcbs@sina.com
印　　刷　天津中印联印务有限公司
开　　本　710mm×1000mm　1/16
印　　张　12
字　　数　130千字
版　　次　2023年8月　第1版
印　　次　2023年8月　第1次
书　　号　ISBN 978-7-5768-2016-4
定　　价　58.00元

编委会

深圳儿童友好城市建设概念的提出和一系列标准化的设定，大大推动了教育改革和创新。2020年初，我在深圳市宝安区滨海小学（集团）海裕小学筹建起步之时，即确立了基于全面构建"儿童友好教育生态系统"的立场，立足儿童本位、回归教育本质、坚持生命的维度，以为儿童提供更好的发展为价值追求，以儿童终身幸福发展为目标，紧扣儿童友好核心理念，保障儿童权益，尊重儿童差异，倡导儿童平等，顺应儿童成长，从环境友好生态、德育友好生态、教师友好生态、课程友好生态、管理友好生态、校家社友好生态六个维度对儿童友好视域下新时代学校教育生态创建进行了较为深入的校本化路径探索。

汪凌　2023年6月

第一章　理论

第一节 研究背景

一、时代背景

2018年4月，中华人民共和国教育部发布《教育信息化2.0行动计划》（以下称《计划》），强调以习近平新时代中国特色社会主义思想为指导，全面贯彻党的十九大精神，围绕加快教育现代化和建设教育强国新征程，落实立德树人根本任务，因应信息技术特别是智能技术的发展，积极推进"互联网+教育"，坚持信息技术与教育教学深度融合的核心理念，坚持应用驱动和机制创新的基本方针，建立健全教育信息化可持续发展机制。

《计划》明确提出，以持续推动信息技术与教育深度融合为主要任务，促进信息技术和智能技术深度融入教育全过程，推动改进教学、优化管理、提升绩效；提高教育管理信息化水平，深化教育大数据应用，全面提升教育管理信息化支撑教育业务管理、政务服务、教学管理等工作的能力；充分利用云计算、大数据、人工智能等新技术，构建全方位、全过程、全天候的支撑体系，助力教育教学、管理和服务的改革发展。

同年，《中小学数字校园建设规范（试行）》发布，文件指出要建设"支持基于多维数据的学生画像及成长预警""支持基于多维数据的教师画像及专业发展预警"与"支持数据驱动的学校发展评估与科学决策"等，以学生、教师和学校发展为教育评价重点的信息化应用。

此外，《国家教育事业发展"十三五"规划》也明确提出，"鼓励学校利用大数据技术开展对教育教学活动和学生行为数据的收集、分析和反馈，为推动个性化学习和针对性教学提供支持"。

2020年6月，中央全面深化改革委员会第十四次会议审议通过《深化新时代教育评价改革总体方案》，明确提出"针对不同主体和不同学段、不同类型教育特点，改进结果评价，强化过程评价，探索增值评价，健全综合评价"。这"四个评价"是对习近平总书记关于克服"五唯"顽瘴痼疾重要指示的具体落实。教育评价事关教育的发展。新时代教育评价改革回应了时代诉求、能落实根本教育任务、突破教育的现实困境。2020年10月，中共中央、国务院印发《深化新时代教育评价改革总体方案》提出改革目标，到2035年，基本形成富有时代特征、彰显中国特色、体现世界水平的教育评价体系。

新华社授权于2021年3月12日发布了《中华人民共和国国民经济和社会发展第十四个五年规划和2035年远景目标纲要》。其中第十三篇第四十三章集中阐述了教育的内容。第四十三章为"建设高质量教育体系"，强调全面贯彻党的教育方针，坚持优先发展教育事业，坚持立德树人，增强学生文明素养、社会责任意识、实践本领，培养德智体美劳全面发展的社会主义建设者和接班人。第四十三章第五节"深化教育改革"明确指出：深化新时代教育评价改革，建立健全教育评价制度和机制，发展素质教育，更加注重学生爱国情怀、创新精神和健康人格培养。

2021年11月，《广东省教育事业发展"十四五"规划》也明确提出：建设教育行业云，建设基于可信实名身份体系、国产密码应用、区块链技术的学生成长档案，支撑和服务新时代教育评价体系改革。开展基础教育信息化融合创新工程，聚焦课程、教学、评价、治理等环节，利用互联网、人工智能和大数据推行"无感式""伴随式"课程与质量监测，实现规模化教育与个性化培养有机结合。

2021年8月，为贯彻落实中共深圳市委全面深化改革委员会《关于先行示范打造儿童友好型城市的意见（2021—2025年）》和深圳市"十四五"规划纲要目标任务，以先行示范标准打造儿童友好型城市升级版，助力粤港澳大湾区及中国特色社会主义先行示范区建设，落实深圳综合改革试点任务，按照市委、市政府总体部署，深圳市妇儿工委印发了《深圳市建设儿童友好型城市行动计划（2021—2025年）》，部署了深圳在"十四五"时期打造儿童友好型城市的路径方法、具体任务及目标要求，指出融合信息技术，探索儿童友好大数据智慧服务。完善与儿童发展有关的统计指标和分性别统计指标，加强儿童发展数据统计分析，为制定儿童相关政策提供数据支持。

二、教育评价发展阶段概述

教育评价是人类对教育过程的一种价值判断活动。它起源于中国古代的教育考试制度，孕育于西方的教育测量批判思潮，形成于美国20世纪30年代的"八年研究"改革运动。纵观教育评价发展的历史和教育评价的重点差异，可以将教育评价的发展划分为五个时期，分别为教育评价的启蒙时期、开创时期、批判时期、专业化时期和精准化时期（见图1-1）。

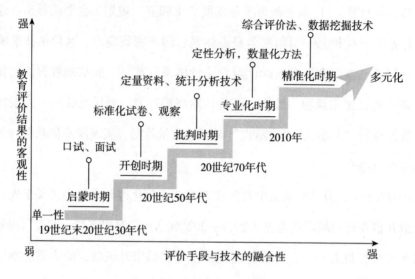

图1-1 教育评价的发展阶段

随着时代的发展和教育评价体系的不断完善，评价手段与评测技术的融合性和评价结果的客观性逐渐增强，评价主体、评价形式和评价方法也愈来愈多元化。

（一）教育评价的启蒙时期

教育评价的启蒙时期是19世纪末至20世纪30年代。1864年，英国格林尼治医学校教师乔治·费舍尔公布了习字、拼字、数学、圣经和其他科目的标准对照表和实例，并规定了五分制评分的标准。

1897年，莱斯发表了对20个学校16000名学生所做的拼字测验结果，大大推动了对教育测量的研究。英国心理学家弗朗西斯·高尔顿是最早应用统计方法处理心理学研究资料的学者，他认为人的所有物质都可以定量叙述。高尔顿的理论为教育评价工作的量化技术提供了重要基础。

1904年，美国教育心理学家爱德华·桑戴克出版了《心理与社会测量导论》，该书介绍了心理统计方法和编制测量的基本原理，为教育测量的客观化、标准化奠定了理论基础。1905年，法国人比纳（A.Binet）与助手西蒙编制了测量智力的"比纳—西蒙量表"。1923年，美国发布了第一个标准化成绩测验——斯坦福成绩测验，标志着教育测量的编制和运用已十分成熟。这一时期，教育测量方法被广泛运用，但其仍存在一定弊端。首先，教育测量的研究对象有限，如学习兴趣、学习动机等人格因素就难以全面量化；其次，教育测量只关注学生学习结果的测量，而无法对学习过程做全面测验。为此，研究者和实践者不断探索更加科学的测量方法，于是教育评价应运而生。

（二）教育评价的开创时期

教育评价的开创时期是20世纪30年代中后期至50年代初期。为了解决1929—1933年经济危机后出现的学生需要与学校课程间的尖锐冲突，美国教育学家拉尔夫·泰勒受进步主义协会邀请，主持了为期8年的课程与评价研究，以帮助教师形成有效的评价方法去了解学生参与新课程之后的变化。泰勒认为学生学业成绩测验存在片面性，因此他提出了区别于"测量"的新概念——教育评价（Educational Evaluation）。

泰勒的评价是以目标为导向，把评价内容分成具体可见、可操作的学生行为目标，根据预期的目标有计划地收集资料，去判断实际活动是否达到预期目标或者达到了何种程度，其中收集资料的手段有多种（笔试、观察记录、问卷、访谈等），但任何一种手段都需要遵循客观性、信度和效度准则，否则评价都将无效。泰勒的评价实证化特点非常明显，他的工作也取得了巨大成就。

这一时期基本可以称为"泰勒时期"。泰勒以目标为中心的评价极大地提高了评价的实用性，但同时也有其自身难以克服的局限。首先，并不是所有目标都可以转化成行为目标，如道德意识层面的目标就难以评价；其次，泰勒的评价过分关注如何实现预期目标，而忽略了对行为目标本身的评价。

（三）教育评价的批判时期

20世纪50年代中后期至70年代，教育评价方法的实证化仍占主要地位，但随着评价需求的快速增长，泰勒评价模式受到了严峻挑战，一些学者纷纷对其提出了质疑和批判，克隆巴赫在一篇题为"通过评价改进课程"的论文中强调，评价应发生在教育过程中，而不是教育过程结束之后，它不仅要关注预期教育目标的实现，更应关注针对评价信息的教育决策。斯塔弗尔比姆同样认为教育评价就是为决策者提供服务的过程，为此，他提出了以决策为中心的CIPP评价模式，帮助决策者改进教学和管理。除此之外，斯克里文（Michael Scriven）也认为教育评价不仅要对教育目标的预期效果进行评价，一些非预期的效果也需要在评价中有所体现，因此，他提出了目标游离的评价模式，主张评价活动与教育目标分离，评价者应在不知道预期目标的情况下全面搜集评价信息，保证评价结果的真实性。①

总之，这一阶段的评价都是评价者根据一定的标准去判断所得结果是否达到预期目标，从而做出价值判断。该时期的不足体现在过分强调科学实证

---

① 杨现民，顾佳妮，邢蓓蓓."互联网＋"时代数据驱动的教育评价体系构架与实践进展[J].浙江师范大学学报（社会科学版），2019，44（4）：16-26.

主义的方法，忽视了定性方法的使用，严格、固定的评价流程使得评价活动缺乏灵活性和弹性。

（四）教育评价的专业化时期

20世纪70年代中后期至21世纪初期，教育评价刊物、书籍大量出版，各种研究机构、评价组织纷纷涌现，评价专业化活动也迅速兴起，教育评价进入了专业化深入发展时期。教育评价方法的人文化倾向得以强化，出现了一些新的评价模式，如斯塔克（Stake）等人的应答评价模型，库巴（E. Cuba）和林肯（Lincoln）的自然主义评价模式等。这些评价模式不过分追求评价的客观性，更多关注评价参与者对评价对象的主观性认识。该时期的评价坚持"价值多元化"理念，因而评价结果是在评价过程中，以磋商的形式，不断消除分歧，最后形成一致的、公认的观点。在主张个人发展的质性分析的同时，实证化特征也同样得到了发展，泰勒的目标导向评价模式经过波帕姆（W. James Popham）和布鲁（B. S. Bloom）的改进，广泛应用于教学领域。

总的来说，教育评价的价值取向从对学生的甄别选拔转变为关注个性化发展；评价方法从标准化测验转变为定性分析和定量分析相结合；评价方式从终结性评价转变为形成性评价、过程性评价和终结性评价相结合，教育评价体系正在逐步完善，也得到越来越多教育工作者的运用。教育评价走向客观是一种趋势，然而在大数据时代到来前，受限于数据采集技术，教育评价依赖于小样本数据，评价结果虽然能在一定程度上描述客观事实，但是仍然不够全面、精准。随着大数据的发展，小样本数据变为全样本的大数据，基于数据驱动的精准评价时代到来。

（五）教育评价的精准化时期

2010年至今，新一代信息技术（云计算、大数据、物联网、移动互联网、人工智能）与教育的深度融合促进了智慧教育的发展，催生出海量教育数据，教育者综合应用多种采集技术（物联感知、视频录制、图像识别、平台采集）全面、自然、动态、持续地采集教育数据，通过数据挖掘、内容分析、聚类、预测等技术方法透视数据背后隐藏的价值规律，精准分析评价对象的发展情况，针对现存问题进行及时有效地干预，并对其未来趋势做客观且科学的预测。总而言之，基于数据驱动的教育评价就是利用技术手段与方法，更加系统、科学、全面地收集、处理和分析教育信息和数据，对教育活动做出智慧判断的过程。相较传统的教育评价，数据驱动的教育评价从经验主义转向数据主义，在评价方法、评价过程、评价结果、评价功能、评价内容及评价对象等方面均出现较大转变。

三、发达国家与地区教育评价概述

美国的全国教育进步评估组织，是美国连续、长期的中小学生学业成绩测量体系。考核评价引入独立的第三方，如哈考特教育公司的斯坦福成就测验、加州考试局的小学统考试题、河畔出版公司的爱荷华州基本技能测验、培生集团的标准化测验评分系统、美国教育考试服务中心的学术能力评估测试等，更有利于提高试题的信度与效度。以美国南卡罗来纳州希尔顿黑德预备学校为例，该校考试评价采用学业成长评估测验、课堂考核成绩单及认知能力测验等方式。学业成长评估测验是由美国西北测评协会（Northwest Evaluation Association）开发的一套幼儿园到高中的考试系统，学生在电脑或iPad上答题，系统自动评分，形成考试分析图表，列出考生需要在哪些方面加强学习；美国西北测评协会还开发了与其配套的学习网站，如Compass Learning。学校每四周向家长报告学生课堂学习状况与考试成绩，每个单元都有考试，形成性评价与终结性评价各有侧重。该校使用一款叫Power School的软件，家长可以登录查看学生的成绩，老师每周登录查看学生考勤、家庭作业完成情况及各种考试的成绩，四周之后系统自动生成报告单。此外，该校每年有一次认知能力测验，达到一定分数的学生可进入该校的"天才班"。

英国于2000年9月开始的课程改革强调形成性评价的必要性，有利于促进学生自我评价的实施。英国实行国家考试、教师评价、学生反思自评与同伴互评三级评价体系。国家考试属于终结性评价，分为国家统考与选择性考试两种，前者是所有公立学校注册学生必须参加，后者具有一定的选择性，但两者均注重学生对已学某学科既定知识的检验，是对学生学业、学习的检验。教师评价属于诊断性评价，关注学生多元智能在学习中的具体表现，帮助学生发现自己，是为了让学生更好地学习而实施的评价。反思自评与同伴互评鼓励学生合作学习、参与评价，该评价不仅拓宽了评价主体，而且有利于学生不断完善自我。但是，英国实行等级评价的结果"过于抽象和模糊，不能为家长提供学生表现的有意义信息，学生也无法从评价的结果中知道应该如何改进"。[1]自2014年9月起，英国实施新的课程评价，设立了评价创新基金，鼓励学校、专家学者、社会团体设计具体的评价方案，促进基础教育阶段学生评价模式的改革。

---

① 张晓露.英国教育部改革基础教育阶段学生评价模式 [J].课程·教材·教法，2014（5）.

澳大利亚的多元综合评价体系颇具特色。南澳洲不仅制定了课程的能力目标和内容，还规定了学业评价的内容、定性评价与定量评价的具体要求。以南澳洲物理课程评价为例，该课程评价由校内评估（70%）和校外评估（30%）组成。校内评估包括：①作业占30%，而调查报告占总评价比重的40%，学生至少完成三次实际调查；②技能和应用型任务，占总评价比重的30%。校外评估由州课程管理机构主持，通过统一考试，检验学生理解、探究与应用能力，考试时间为3小时，分A、B卷，均为主观题，有简答题、问答题及实验题。根据学生的整体表现和预先制定的学业评价标准，南澳洲学业评价体系将学生的学业成绩分为A、B、C、D、E五个等级，并给出相应的定性描述。南澳洲的学业多元综合评价包含校内和校外评价、定性和定量评价、调查报告与实验操作、口头汇报和书面考试等，每一种评价方式的适用范围、评价内容及权重较为明确、完整。

芬兰的普通高中实行"无固定班级授课制"，学业评价方式有常规考试、开卷考试、合作计划、实验、表演、演示等，课程评分依据有笔试、教师对学生学习情况的连续观察、学生作品评价、学生自我评价等四个方面，评分标准有7档：4分（不及格）、5分（及格）、6分（满意）、7分（较好）、8分（好）、9分（很好）、10分（优秀）。2016年8月，芬兰取消了学科教学，进行依托学科融合的"基于现象的教学"，更加注重学生在课程设计与评价中的主体作用，积极实践形成性评价，进一步培养学生的自我评价能力。

发达国家与地区的教育评价研究已进入专业化阶段，出版了大量的教育评价专著，高校开设了教育评价课程，各种教育评价研究中心相继成立。许多国家已经形成了各具特色的教育评价体系，呈现出注重学生和谐发展、强调多主题、定量分析与定性分析相结合、注重形成性评价功能的发展趋势。

四、我国教育评价发展概述

早在战国时代，《礼记·学记》中便有对学生管理和考核的规定和要求。自隋大业二年（公元606年）置"进士科"开始的科举取士，分科选拔、逐级考试，在考生来源、考试科目与方法、录用程序等方面都形成了一套较完备的制度，这也可以看作教育评价活动的萌芽。

1905年，我国废止已承袭1300年的封建科举制度，此时受西方教育测量运动的影响，我国也逐步形成自己的教育测量运动，在理论和实践上都取得了有效的成果，如廖世承的群体智力测验等。此外，我国教育界还大量引进西方教育测验类的理论著作，如张秉洁和胡国钰主编的《教育测量》、华超主编的《教育测验纲要》、费培杰翻译的《儿童心智发达测量法》等。这个时期介于1900—1977年，为间续发展时期。

1977—1982年，因教育改革的需求、对历史的反思，以及受国外教育评价实践和理论发展的影响，教育评价理论中国化的表现形式向多样化发展，除引进西方教育评价理论著作和文章以外，我国教育界还积极邀请国外教育评价专家举办学术报告，建立教育评价专业部门，以及举办全国教育评价研讨会等，通过多方面共同努力，为建构中国特色教育评价积累了丰富的理论基础，为理论积累时期。

20世纪80年代初期，我国开始进行学科领域的评价研究，从单个学科的教学评价开始，研究学科教师应该如何进行学生评价，设置哪些评价维度以适应学生的发展等相关问题，并且成立了相关的课题研究小组。1985年5月

《中共中央关于教育体制改革的决定》的颁布，标志着我国教育评价的研究和实践进入全面开展阶段。之后，为了加速教育评价理论中国化的进程，我国采取了多项措施，例如举办了大量的教育评价相关学术会议，成立相关的评价机构，加强对外交流与合作，同时，也出版了一批具有特色和影响的教育评价著作，促进了教育评价工作制度化的发展。1982年以后为持续发展时期。

进入21世纪以后，我国教育评价进入快速发展时期，主要表现为：教育评价理论和实践研究的快速发展；出版了大量的外国教育评价理论研究的最新成果；教育评价研究的领域逐渐扩大；等等。

孙河川所著《教师评价指标体系的国际比较研究》是国内第一部对教师评价指标体系进行系统的国际比较的专著，也是进行"双化研究"的学术力作。[①]书籍不但梳理、整合、界定了国内外教师评价指标体系的相关文献、概念和理论，更进行了定性和定量分析。在质化研究部分，书籍将"外来指标"与我国教师评价指标进行了核心维度及其二级指标的深度比较分析，在量化研究部分，对外来教师评价指标进行了问卷调查，并对反馈进行了因素分析、重要性分析、可行性分析和权重分析等。

黄光扬等主编的《教育测量与评价》[②]《教育统计与测量评价新编教程》[③]，对教育统计学、教育测量学和教育评价学进行有机整合，以增强其学科技术性和应用性，测量和统计，使教育评价趋向科学化。

胡中锋主编的《基础教育评价研究丛书》具有全面性、可操作性、整合

① 孙河川.教师评价指标体系的国际比较研究 [M].北京：商务印书馆，2011.

② 黄光扬.教育测量与评价 [M].上海：华东师范大学出版社，2012.

③ 黄光扬.教育统计与测量评价新编教程 [M].上海：华东师范大学出版社，2013.

性和示范性等特点，将理论和实践真正结合起来，从初步的鲜活生动的教育评价做起，进而深入指导教学发展。①他从宏观方面和理论高度整体把握教育评价，还根据对象对教师、学生、教学，根据学科对语文、数学、英语、物理、化学，根据教育形态对德育、体育、情感、综合素质等分门别类进行教育评价，并对教育评价的方法和措施进行梳理，对教育评价具有重要意义。

　　中国学者积极探索教育评价改革，研究重点多与当下教育教学改革相结合，试图改进教育评价体系，以此来满足新思想、新理念与新政策（如，新课程改革、核心素养、创新教育、以人为本的教育思想等）的需求。辛涛和姜宇就基于核心素养理念提出在课程中融入质量评价标准，并从评价的观念、依据、软技能、软环境及应用技术角度调整了基础教育评价改革方案。②孙刚成等从基础教育改革与发展的热点问题出发，对义务教育教师轮岗交流、义务教育免试就近入学等重大政策进行了单项政策的实证调查，并提出政策评价的改进建议。③刘春和靳涌韬等人则将核心素养融入教育评价，从内容和手段上提出对教育评价的改革。④除此之外，朱文芳从国际经验角度，借鉴俄罗斯教育评价改革经验，提出我国在教育评价改革时应该因地制宜地学习并吸收国外先进理论与经验的建议，还要关注所有学生的整体发展水平。⑤

①　许世红，胡中锋，姚轶洁.基础教育学生评价研究：历史沿革、现实状况与未来走向[M].广东：广东高等教育出版社，2014.

②　辛涛，王烨辉，姜宇.基于学生核心素养的课程体系建构[J].基础教育论坛，2016（9）：34-37.

③　孙刚成，翟昕昕.义务教育教师轮岗交流制度的困境及其对策[J].教学与管理，2016（9）：21-24.

④　刘春，靳涌韬，宋英智.学生核心素养教育评价改革的思考[J].教学与管理，2017（12）：69-71.

⑤　朱文芳.俄罗斯数学教育评价改革的动态与研究[J].课程.教材.教法，2006（2）：90-92.

徐静在《小学生综合素质评价与培养的行动研究》一文中提出建议：首先，学校，建设校园文化，由内促外；加强理论建设，以学促干；建立家校合作，以外辅内。其次，教师，转变角色职能；面向未来，关注差异；发展综合素质，设计课时教学目标。[①]

聂相卿进行了关于小学低年级表现性评价的研究，建议完善评价制度设计，更新考试评价理念，树立育人价值追求，提升教师作为评价主体的意识与能力。[②]教育评价设计应遵循发展性、综合性、趣味性、可操作性等原则。在此基础上，从确定评价目标、明确评价主体、设计评价任务、制订评价准则、使用评价结果等方面建构小学低年级表现性评价体系。

李欣进行了小学低年级教育教学评价改革的实践研究，介绍了教师在改革教育评价时应遵循的原则：评价主体多维化、评价内容多元化、评价方式多样化，并提出了几点关于在小学低年级进行教育教学评价改革的具体实施策略。[③]

巴蜀小学自2013年起全面启动综合素养评价研究"基于学科育人功能的课程综合化实施与评价"，通过评价导向、诊断、激励，探索过程与终评相结合、试卷测评与表现性评价相融合、自评与他评相鼓励的评价路径，达成激发内驱动力、做更好的自己的教学目标。

---

① 徐静.小学生综合素质评价与培养的行动研究 ——以上海市 J 小学为例 [D].上海：上海师范大学，2020.

② 聂相卿.小学低年级表现性评价研究——以 H 大学附属小学为例 [D].开封：河南大学，2020.

③ 李良桃,李欣,李改,王斌.中小学体育教师工作绩效评价研究综述 [J].湖北体育科技,2012,31（2）：245-249.

2020年，在"以评价协同课程教学改革"的实践探索中，巴蜀小学数学团队围绕学科核心素养培育目标，除了建构系列校本课程、变革学生学习方式，还研发出关注素养的评价体系和导向人人的评价工具，并不断创新过程性评价和终结性评价，助推学科素养落地。

李葆萍认为，在传统的教育环境下，了解学生的主要方法为问卷调查、课堂行为观察、考试、作业分析等。[①]这些方法存在着耗时长、数据不准确、过程型数据遗漏或者无法采集等多种弊端，建立在这种不完整数据之上所获得的分析结果只能揭示某些特定的问题，缺乏综合性。

此外，杨现民认为，不同来源的数据之间难以整合，因为采集成本等原因，获得的数据缺少持续性，导致数据内部隐含的信息连接被割裂，比如学生作业水平和学生课堂学习行为之间的关系；学生阅读能力对其数学学科表现的影响等。[②]因而教师往往只能根据经验来处理教学问题，这些都对了解学生情况、做出教学决策，甚至制订教育政策造成不利影响。教育大数据应用则为克服现有教育评价中的不足提供了较好的解决方案。

广东省佛山市盐步中心小学尝试采用"学生综合素质发展性在线评价系统"，该评价系统大大提高了评价结果的服务能力。这一系统包括品德发展水平、学业发展水平、身心发展水平、兴趣特长养成和学习负担状况5个一级指标，与《教育部关于推进中小学教育质量综合评价改革的意见》给出的指标完全一致，参考20项关键指标，盐步中心小学根据培养要求、地方特色等因

① 李葆萍，周颖.基于大数据的教学评价研究 [J].现代教育技术，2016（6）.
② 杨现民，顾家妮，邢蓓蓓."互联网＋教育"时代数据驱动的教育评价体系架构与实践 [J].浙江师范大学学报（社会科学版），2019（4）：16-25.

素设置了19个二级指标、67个三级指标，并将三级指标细化为229个具体可观测的点。教师和家长根据229个观测点及时记录学生的表现，形成全方位的学生发展性评价，学生综合素质发展成长报告书将帮助教师、学生、家长做出决策。

我国现代教育评价发展态势为评价目标理性化、评价主体多元化、评价客体纵深化、评价方法智能化、评价结果人本化。可以发现，学者们在理论与实践层面上都做出了积极探索，取得了一定成果，但也呈现出一些问题：研究多是借鉴、改造外国理论，本土化研究成果较少；对于教育评价的研究多集中在宏观层面，研究者多为高校研究人员，研究侧重于教育评价的历史演变、测量技术，以及教育评价的某个领域或方面，缺乏对小学教育评价体系的实践性研究。同时，近年来关于教育评价的研究大部分都是结合已有理论来论述，应用较多的是基于"第四代教育评价"的"发展性教育评价理论"，新教育理念下的本土化教育评价研究较少。在教育评价的发展历程上，科学主义评价和人本主义评价在不断交锋中共同发展，现研究趋向于更多元化、全面化的评价，实现两种评价方式的结合，实现艺术与科学的结合，呈现更有温度的评价数据，以真正促进学生全面发展。

五、"儿童友好"概述

"儿童友好"理念是在一系列为儿童生存发展做出巨大贡献的国际宣言及公约孕育下诞生的。自1924年第一部主张保护儿童权利的文件《日内瓦儿童权利宣言》诞生以来，儿童的生存及生活权利日益被世界所重视。1989年，联合国通过了具有法律约束力的《儿童权利公约》，并明确指出儿童权利保护应遵从以下基本原则：无歧视，儿童利益最大化，确保儿童生命权、生存权和发展权的完整，尊重儿童的意见。该公约在国际上得到高度认可，两百多个国家和地区签署了这份公约。儿童权利是对儿童这一特定人群赋予的权利。儿童权利体现在以下方面：一、儿童是独立个体，而非父母的附属品；二、尊重童年生活的独立价值；三、为儿童提供良好的道德和社会环境。涉及公民、政治、经济、社会和文化五大方面的儿童权利，是应该满足和尊重儿童的特殊身心需求并在政治、社会领域均认可的权利，主要包括受保护权、参与权、游戏权等。

《儿童权利公约》是国际上第一部具有法律约束力的保障儿童权利的国际性约定，它的影响巨大，它已成为一种保护儿童的国际标准，各缔约国在这一标准的指导下制定本国有关保护儿童的法律文件与教育政策，从而影响教育实践。1991年，我国第七届全国人民代表大会常务委员会批准《儿童权利公约》。20世纪90年代以来，国务院颁布多条中国儿童保护与发展的法律法规。2006年，我国修订了《中华人民共和国未成年人保护法》，让未成年人生存、发展、参与、受保护等权利受到更好的保障，且明确规定儿童有权参加与自身利益相关的事务。

"儿童友好"源自1996年，联合国第二次人居环境会议提出"儿童友好型城市"理念，会议在《儿童权利公约》的基础上将儿童的需求纳入城市规划，即把城市建设成适合各类人群居住的地方，而少年儿童的身心健康与发展程度是衡量城市生活环境和城市管理水平的最终标准。该会议决议给儿童友好型城市制订了12项权利目标，以引导政府围绕儿童权利制订一系列政策方针及行动计划，保障儿童在家庭、社区、城市中健康成长。在2008年汶川恢复重建时，我国提出要建设"儿童友好家园",这是我国首次提及"儿童友好"理念。

"儿童友好"理念在城市建设中的运用已相对成熟。自1966年起,许多国家和地区都在为建设儿童友好型城市而努力,他们将儿童的权利与需求写入城市规划,当今儿童友好型城市有慕尼黑、伦敦、布宜诺斯艾利斯等。我国北京、上海、杭州、深圳等地也把建设儿童友好型城市作为城市规划与设计的重要考量。

2016年,深圳市儿童和妇女工作委员会推出《关于积极推动深圳率先成为中国首个儿童友好型城市的提案》,该提案把儿童友好型城市建设的重点落在城市规划、景观设置、教育环境、医疗卫生、阵地建设上,把建设儿童友好型城市列入深圳市"十三五"规划。随着城市建设进程的成熟,深圳市陆续发布了《深圳市建设儿童友好型城市行动计划(2018—2020年)》《深圳市建设儿童友好型城市战略规划(2018—2035年)》《深圳儿童友好型学校建设指引》等文件。这一系列政策文件重视部门间跨领域合作,将儿童参与、尊重儿童等内容纳入城市战略发展框架,在儿童友好型城市建设上也越发全面和系统。

深圳模式的特点是,提出了"建立安全、公平、符合儿童需求、适应深圳城市未来发展目标、具有全球城市人本特征的儿童友好型城市"的总目标,围绕儿童社会保障、儿童参与和儿童友好城市空间等领域,全面构建策略体系与核心战略。

在社会参与方面,深圳儿童友好型城市的实践运作与管理,是政府采纳群众性团体提出的建议,再由社会组织和社区全方位参与的实践之路。各类社会组织积极响应,共同参与,其中包括中小学校、城市规划设计研究院和少年儿童图书馆等，并率先探索建立全流程、常效的社区儿童参与机制，在社区层面落实儿童规划政策，从而提升了儿童社区治理参与感。

在城市建设方面，坚持"从一米的高度看城市"的理念，注重儿童发展需求。根据儿童友好型城市建设三大核心内容（见图1-2）在建设体系中增加儿童与城市的联系，丰富了儿童参与社会治理的创新方式。在城市、社区、公园等空间建设中，更加注重儿童的空间权力，打造有利于儿童成长的空间环境。

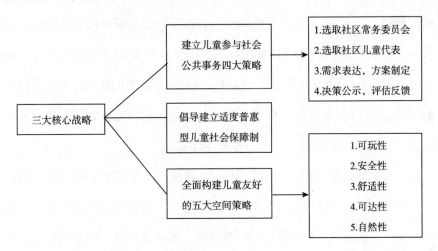

图1-2 深圳儿童友好型城市三大核心战略

目前，我国在探索儿童友好型城市建设方面已有了一定经验，一些地区将建设儿童友好型学校当作实现"儿童友好型城市"的路径之一。

湖南省浏阳市的人民路第二小学为建设儿童友好型学校提供了一定思路。这所学校以"儿童参与、儿童体验、儿童乐学、儿童健康、儿童共建、儿童需求"为核心，致力于构建"友好又美好"的校园。首先，在校园建设方面，从儿童的视角对校园空间环境进行全方位设计和优化，例如将楼顶改造为空中花园，打造无尖角的"海绵系统"，开设开放式"快乐书吧"等。其次，在文化建设方面，开设舞蹈队、武术队、创客社、足球社、健美操社团、书法社团等社团，满足学生的课余拓展需求。此外，每月一个主题校园活动节日，搭建学生参与、自主发展的平台。开展丰富的社会实践活动，如慰问敬老院老人、争当环保小卫士、学雷锋等活动，提升学生的品格。第二小学认为，学校在打造"儿童友好型城市"中的作用至关重要。

上海市闵行区教育局、救助儿童会（Save The Children，世界上最大的儿童慈善组织之一）、华东师范大学基础教育改革与发展研究所共同合作，开展了名为"春雨计划"的基础教育国际项目。该项目聚焦上海市外来务工随迁子女的人际交往、家庭教育、学校教育、精神成长等方面，以《儿童权利公约》《中国爱生学校标准》为准则，围绕"友好的管理、友好的课堂、友好的班级活动、友好的家校联手"四个方面进行实践。

在学校管理方面，项目组引领闵行区7所民办小学提炼办学理念、制订学校发展规划；学校中层干部实行第一责任人制度，全面履行管理职责。在课堂教学方面，采用参与式教学法、问题教学法、戏剧教学法，以小组讨论、合作探究、头脑风暴等活动激发学生学习兴趣，发展学生审美素养。在家校合作方面，请家长走进课堂，参与教学研究与实践，激发家长参与学校活动的热情。

项目组通过创建儿童友好学校，推进民办随迁子女学校校园建设及教学改革，促进学生健康发展，使家校关系、亲子关系更加和谐。同时，也探索现代化治理模式"GNUS"（G指政府相关行政管理部门；N指如救助儿童会这样的公益组织；U指大学科研院所的专业服务；S指项目实施学校），从顶层设计到实践落地，提供了一条很好的儿童友好型学校建设路径。

对于"儿童友好"如何真正在学校落地，上海市闵行区的"春雨计划"

给出了具体步骤，以此指引儿童友好学校的建设。

综合来看，上述案例都重视校园软件、硬件建设，却忽略了儿童在学校这一环境中与教育的密切关系，尤其忽略了"教育评价是否友好"这一重要指标。

我们认为，"儿童友好"既表现为儿童之间的友好关系，也体现在成长环境对儿童呈现的友好态势，还包含儿童对周围世界表现出的友好情绪反应。教育评价直接影响着儿童在学校这个环境中的表现。

李烈认为，教育评价应服务于学生的发展，服务于教育目标的实现，始终把促进每一个学生的平衡与充分发展，也就是孩子的健康快乐成长放在首位。[①]在信息化时代对学生的评价应突出发展性、过程性、激励性、差异性，解决"学生的知识学习与综合素质养成之间的不平衡与不充分发展、不同的学生之间存在的不平衡和不充分发展"这两大问题。因此，儿童友好教育评价应直面人与历史、人与未来、人与自己、人与他人、人与自然、人与世界的六大关系，落实"五育并举"的目标，是非常具有实践价值的新时代教育评价改革探索。

---

① 李烈. 关于小学教育评价的思考 [J]. 吉林教育，2018（9）.

第二节　办学理念

深圳市宝安区海裕小学牢牢把握时代发展脉搏，充分发挥环境优势（地处宝安中心区）、人才优势（师资力量雄厚）、资源优势（人文自然资源丰富）等自身优势，以"立德树人"为根本任务，以创新发展为动力，以协调发展为总则，以绿色发展为指针，以开放发展为策略，以共享发展为方向，坚持问题导向和需求导向，促进学生全面而充分地发展，为进一步推进宝安教育现代化，推动教育先行示范，建设与区域经济社会发展和人民日益增长美好生活需要相匹配的高品质教育，做出海裕探索，亮出海裕名片。

海，指海纳百川，象征着博大、开放，与深圳的开放多元、兼容并蓄的城市文化遥遥呼应。

裕，指裕德从容，旨在追求臻于至善的德性修养，从容坦然的人生境界。坐落于大湾区核心。

海裕小学，旨在打造教育的一方沃土。

一、尚善教育

2020年，是深圳经济特区成立40周年，是建设粤港澳大湾区和深圳建设特色社会主义先行示范区迎来全面铺开、纵深推进的关键之年。深圳正以更大格局、更大担当、更大作为，努力创建社会主义现代化强国的城市范例。

2020年，是海裕小学建校之年。立足世界与时代发展趋势，我们思考个人命运与国家命运、全球命运之间的关系发展，探索未来人才培养与发展方向，把学校的办学理念定为"尚善教育"。

"善"是中华民族传统文化中最核心的文化基因和人生价值方向。"至善"是人们终生追求的最高境界，是教育者为之不懈努力的教育精神，是学校教育不懈追求的终极目标。"尚善教育"即崇尚至善的教育理想，引领学生抵达美好品德修养和丰厚知识积累的人生境界，引导教师为"至善"的教育境界而努力。"善"的另一层含义是"善于、擅长"，尚善教育的另一层面是引导学生挖掘并发展所长，人人觅得自我发展的方向。

结合习近平总书记提出的"坚持'五育'并举，全面发展素质教育"深化教育教学改革的要求，以及"落实好立德树人根本任务，实现全员全程全方位育人"的育人要求，海裕小学将办学理念定位为"尚善教育"，以"儿童友好"为核心理念，以海洋生态为背景依托，以数据驱动教学评价改革为手段，实现"五育"校本化。

学校以六大善育工程——海蓝工程、司舵工程、至善工程、红星工程、灯塔工程、深蓝工程为依托，以"善育五彩缤纷节"——尚善人文节、慧炫科创节、活力阳光节、绿色生态节、魅力国际节、海洋缤纷节为引擎，孕育六大善育文化——善存天地的环境文化、善治善能的管理文化、积善成德的德育文化、臻于至善的课程文化、守善不移的教师文化、善善从长的家教文化；滋养三大尚善群体——尚善学生、尚善教师、尚善家长，以期植入"尚善基因"——人文底蕴、创新精神、阳光身心、协作意识、绿色理念、国际视野，最终实现善德、善智、善体、善美、善劳的育人目标。

以善为根，奠定学生人格成长，爱己，爱人，爱国，爱世界；以善为引，促进学生全面发展，知仁、明义、懂礼、守信，涵养新时代的接班人；以善为标，引导学生学会生活，善于做事，培植学习、实践与创新能力，引领学生心系社稷，胸怀四海。尚善教育，以润物无声、大爱无形的力量，点亮学生的美好未来。

海裕小学以"尚善教育"为办学理念，以生为本，全力打造儿童友好型数字化海洋生态学校。"儿童友好"的定义是指通过完善儿童的生活及学习环境，实现儿童在身体、心理、认知、社会和经济上的需求与权利，构建一个满足儿童需求、尊重儿童心声、保障儿童权利的儿童环境。"儿童友好"的核心就是让学校教育教学领域方方面面的评价，成为赋能儿童成长的力量，以善为基，对儿童最大的善就是"儿童友好"。

学校将通过整合周边优势资源，担当区域使命，立足国家，面向国际，展望未来，遵循教育规律，不断提升教育效能，建立"儿童友好"教育评价，努力打造一所构建平等、友好、可持续保障，具有人文底蕴、充满生态气息、面向未来的儿童友好型数字化海洋生态学校（见图1-3）。

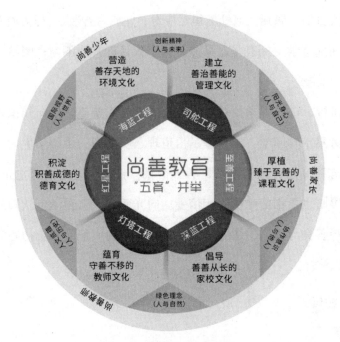

图1-3 海裕小学办学图谱

二、校训、校风、教风、学风

（一）校训

上善若水，语出《老子》，意为至高的品性像水一样。这蕴含了学校的育人方向：培养学生拥有水一般的品质，成为上善之人。

善有温度，如水泽被万物，旨在期待学生关爱他人，关爱社会，关爱自然，愿为服务人民奉献力量。

善有格局，如水博大包容，旨在期待学生拥有宽宏待人之心境，拥有逐浪知识海洋的好奇，拥有心怀祖国博观世界的志向。

善有力量，如水至柔至刚。"柔"指像水一样顺其自然任方圆，旨在期待学生能灵活自如，遇到任何处境坦然应对；"刚"指像水一样柔而有骨，凝聚力强，旨在期待学生拥有坚忍品质，为个人目标坚持不懈；团结一心，为共同理想义无反顾。

向光而行，寄托了学校对学生成长的希冀。希望学生向知识之光坚定前行，心无旁骛求知问学，求真理、悟道理、明事理；希望学生向理想之光坚定前行，志存高远，敢于担当，勇于奋斗；希望学生向信念之光坚定前行，即使身处黑暗也要相信光明，相信爱。向光而行，引领学生认知与发挥自身优势，选择善良与担当，体会与践行心怀社稷的大爱，不忘初心的大德与造福民族的大情怀。

（二）校风

1.明道

道，是人处世之基，明道以经世。海裕人应明自然之道，明做人之道，明致知之道。明自然之道，应求知若渴，保持对知识规律真理的学习热情，厚实积淀，做胸怀经纶之人；明做人之道，恪守做人准则，不悖良心，无愧天地，做心怀正道之人；明致知之道，以赤诚之心研教学，做教育，方可授人以渔，传道解惑，做观理启智之人。

2.明德

德，是人立身之本，明德以修身。海裕人应怀仁德之心，行美德之事，做道德模范。常怀仁德之心，更能发现生活的美好；多行美德之事，有助于修炼品性，提升自我；争做道德模范，让自己成为引领道德风尚的火炬，弘扬正能量。"大学之道，在明明德，在亲民，在止于至善。"每一位海裕人都应通过学习与教育，彰显内心的美德；通过不断自我修炼，达到至善的境界。

3.明心

心，是人成长之源，明心以内省。海裕人应时刻回顾自己的初心，追寻自己本心，方不会迷失方向。面对功利喧嚣，能保持内心的宁静；面对失意挫折，能坚守最初的热爱；面对困难挑战，能牢记心中的使命。千帆过尽，唯有回顾本心，才能柳暗花明，破茧成蝶。

4.明志

志，是人立业之根，明志以精业。海裕人应志存高远，励精图治。唯有明志，方知生活的前路，奋斗的方向，方能摆脱庸碌，在发展中精益求精，方能面对困境时刚健有为，自强不息。每一位海裕人唯有明志，方能志同道合，开创新局面，走向新高峰。

（三）教风

1.温裕

温裕，意为温暖、平和、宽宏。这要求我们做有温度的老师。做一个能给学生带来温暖的老师，春风化雨，认真关注学生的心理需求；做一个心境平和的老师，不焦不躁，给学生传递踏实的力量；做一个胸襟宽广的老师，包容亲和，给学生成长以最大的耐心与守护。

2.谦裕

谦裕，意为谦虚而能容人。这要求我们做有胸怀的老师。我们应以平等尊重的目光看待学生，学会从学生的视角理解孩子，欣赏学生的闪光点，接纳学生的独特性。我们应以宽容等待的心态对待学生，给学生成长的空间，给学生试错的机会，把教育中出现的问题看作教育改进的契机与自我成长的机会。

3.由裕

由裕，意为引导，诱导。这要求我们做有方法的老师。我们要做好学生的引路人，树立精神风范，发挥人格力量，在教育教学中弘扬科学精神和人文精神。在教学方法上要多启发，多创新，培养学生勇于探索的创新精神和善于解决问题的实践能力，努力点燃孩子的主动性和创造性。

4.衍裕

衍裕，意为广博深厚。这要求我们做有深度的老师。新时代，我们要做学习型的老师，多提升专业领域的理论素养和教师发展的专业技能，以一份求知若渴的心态，一个终身学习的习惯，做一个与时俱进的老师。同时，我们要做研究型老师，在学习上关注教育热点，在工作中关注教育问题，学研究，善研究，做一个有思想深度的老师。我们更要做跨界型老师，以开放的心态了解本学科外的知识，发展多项特长爱好，不仅能充实自我，更能促进学科融合研究发展，提高学生综合素质。

（四）学风

1.仁善

仁善，指仁爱善良，关注学生的德性修养。士有百行，以德为先。德是一个人为人处世和成人成事的底线，是形成正确的世界观、人生观、价值观的基础。学生应以仁善为内心追求，克己复礼，涵养以爱国主义为核心的民族精神。把社会主义荣辱观根植于心，努力培养团结互助、诚实守信、遵纪守法、艰苦奋斗的良好品质。

2.行善

行善，指做善事，关注学生的行为导向。不以恶小而为之，不以善小而不为。在日常行为中，做好事，行善事，积极弘扬正能量。于他人，要关爱亲人，友爱同学，善待每一位身边人；于自然，要尊重自然，爱护环境，提高生态文明素养；于祖国，要全心热爱，立志奉献。不仅要知行合一，向光而行，更要让自己成为照亮世界的一束光。

3.精善

精善，指精密美好，精益求精，关注学生的做事品质。在知识学习中，要知难而进，深思熟虑，有刨根问底和大胆探索的精神；在技能学习中，要刻苦练习，千锤百炼，不可半途而废，定要学有所成；在生活实践中，要大胆尝试，细心考虑，高质量地完成任务。玉不琢不成器，要把精益求精的态度渗透到一言一行，方能成器成才。

4.能善

能善，指能力与专长，关注学生的价值体现。学生要努力提高自身的学习能力、实践能力、创新能力，学会知识技能，学会动手动脑，学会合作共享，学会生存生活，学会做人做事。知其所长，扬善而行，为的是更好地为社会做出贡献，实现独一无二的个人价值。

三、海裕小学三大尚善群体

尚善少年——是心怀仁德的仁善少年，是知行合一的行善少年，是精益求精的精善少年，是乐于奉献的能善少年。

尚善教师——是关爱学生的温裕教师，是虚怀若谷的谦裕教师，是循循善诱的由裕教师，是知识渊博的衍裕教师。

尚善家长——是仁慈关爱的慈爱家长，是理解包容的仁爱家长，是培育家风的深爱家长，是爱亦有道的智爱家长。

四、海裕小学尚善文化IP荟萃

（一）善育之花——海裕小学校徽

图1-4　海裕小学校徽

海裕小学校徽名为"善育之花"，蕴含了"海""光""花"三大核心元素（见图1-4）。

图案主色调运用蓝色基底搭配五彩花瓣，反映"儿童友好型"海洋主题校园建设，呼应"海纳百川，裕德从容"校名寓意。整个校徽图案成护盾形状，寓意守护孩子的童年。

中心图案由五种颜色的书本组成了"善育之花"，每种书本颜色代表着一项尚善工程：

黄色：是光的颜色，向光而行，代表灯塔工程——"三位一体"的"尚善教师"发展工程，象征教师是孩子人生之路的指引者。

粉色：是爱的颜色，纯真之意，代表红星工程——基于少先队平台的"尚善少年"培养工程，为祖国培养新生力量。

绿色：象征生命，充满生机，代表至善工程——"135至善课程"体系自然生长工程，让孩子像自然生长一样，不断彰显强大的可持续发展的生命力。

红色：六色红为尊，是核心主流色，代表司舵工程——"数字画像"驱动下的学校赋能管理工程，为智慧校园的建设提供坚实的支持。

蓝色：象征沉稳、理智、冷静，代表深蓝工程——爱与智慧兼备的"尚善家长"成长工程，让家庭成为孩子成长的温暖港湾。

五色书本浸润在蓝色底色中，寓示海蓝工程——"儿童友好型"海洋主题校园建设工程，包容孕育着以上五大工程，共同构成尚善工程的一个整体。

五片花瓣，承载着五大"尚善基因"："人文底蕴、创新精神、阳光身心、绿色理念、国际视野"，紧紧围绕代表"协作意识"的花蕊。寓示尚善基因紧密相连，同气连枝，善育之花盛情绽放。

下方一朵朵的"海浪"，寓意期待每一位学子都能拥有如水般的至高品性，上善若水。海浪中升起的"太阳"，象征着孩子们作为海裕的明日之子，师生共同向光而行。

（二）善育之歌——海裕小学校歌《向光出发》

校歌呼应海裕小学"尚善教育"的办学理念，结合校训"上善若水，向光而行"的内涵，体现"海裕善育，点亮未来"的办学目标，进行校歌创作，并命名为《向光出发》，寄予了对海裕学子殷殷期望。

向光出发

这里是善育的港湾，

有一艘开往幸福的航船，

迎着朝阳吹响号角，

乘着海风扬帆远航。

五色的画笔七彩的童年，

变幻的算式有趣的课堂。

向着光我们快乐出发，

向着光我们勇敢逐浪，

海裕有你幸福同享，

歌声微笑一起绽放！

这里是知识的汪洋，

有一群放飞梦想的海燕，

好奇未知尽情探索，

追寻远方自由翱翔。

五色的画笔七彩的童年，

变幻的算式有趣的课堂。

向着光我们快乐出发，

向着光我们勇敢逐浪，

海裕有你，梦想共筑，

未来与智慧一同点亮!

（三）海裕之光——数字画像

借助大数据和人工智能的信息技术支撑，记录学生学习与生活的全过程，在合理的范围内感知和获取学生数据，包括学生的学习成绩、学习地点、学习课程、学习成果、学习体验、学习收获等等。这些数据经过分析与处理生成学生的"数字画像"，详细地展示学生的学习进展、学习效果、学习特征、能力倾向、兴趣爱好、成长轨迹等指数。学校通过探索学生拓展课学习数据的记录，跟踪分析学生的兴趣方向，帮助教师和家长进一步了解学生，帮助学生提高自己的学习效果并开展生涯规划，帮助教师进行分层辅导、因材施教。同时，"数字画像"平台还可以根据过程性记录的数据，生成阶段性报告，帮助教师调整教学策略、开展教学管理，辅助学校改进办学、开展教育治理。

第二章　实践

第一节 构建评价体系

我们以立德树人、为党育人、为国育才为出发点，以德智体美劳"五育"为载体，以"尚善教育"为办学理念，通过儿童友好数字化海洋生态校园建设工程、"数字档案"驱动下的学校赋能管理工程、"135至善课程"体系自然生长工程、爱与智慧兼备的"尚善家长"成长工程、"三位一体"的尚善教师发展工程、基于少先队平台的尚善少年培养工程，臻植六大尚善基因，以教育评价改革驱动"儿童友好"理念高质量发展。

学校使用物联网设备和信息化手段全程、多方位、多元化采集数据，从而改革教育评价方式，激活学生、家长、教师三大群体的活力与潜力，见证成长和变化，实现对三大被评价群体的最大激励，即激发尚善少年、尚善家长、尚善教师自我发展、自我成长的内驱力。

根据教育评价相关研究成果，参考《中共中央、国务院关于深化教育教学改革全面提高义务教育质量的意见》《中共中央、国务院关于全面深化新时代教师队伍建设改革的意见》《国家基础教育水平测试》及全国妇联与教育部印发的《家长家庭教育基本行为规范》《全国家庭教育指导大纲》等相关文件要求，我们初步确定了教育评价体系的维度与评价指标，包括学生评价维度指标（学生数字档案）、教师评价维度指标（教师数字档案）和家长评价维度指标（家长数字档案）（见图2-1）。

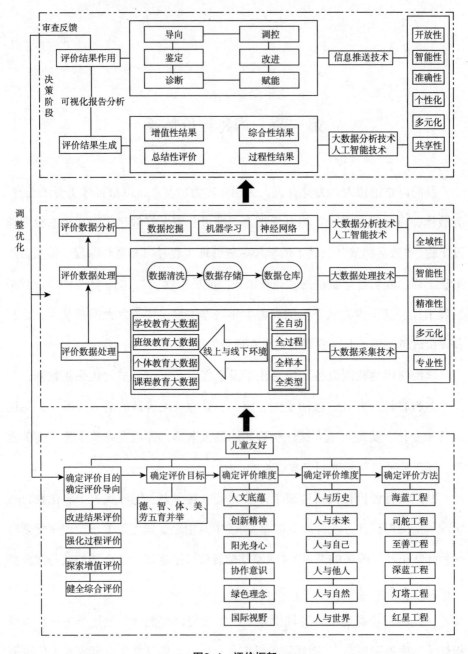

图2-1 评价框架

儿童友好视域下数据驱动的教育评价实践模型如表2-1、2-2、2-3所示：

表2-1 儿童友好视域下数据驱动的教育评价实践模型（学生数字档案）

一级指标	二级指标	评价要素	记录场景	评价方式	儿童友好要素	数据驱动模型
德	人文底蕴	爱党爱国：了解党史国情，珍视国家荣誉	升旗仪式、国旗下课程、少先队活动、尚善人文节等		人与历史	学生原始数据采集（物理态生命）→ 学生原始数据解码 → 数据银行存储（数据聚合态生命）→ "之光" AI挖掘、绘制学生个体画像 → 赋能学生、助力成长（物理态生命） 注：数据聚合态生命是物理态生命在数字化世界中的投影
	人文底蕴	道德品质：有正确是非观、讲文明礼仪	行为习惯常规检查、问卷调查等			
智	创新精神	探究学习：能够进行探究性、项目式学习	课堂学习、课外活动表现等	结果评价	人与未来	
	创新精神	问题解决：能够创造性解决生活和学习中的问题	学业测试、信息节、慧炫科创节表现等			
体	绿色理念	低碳环保：勤俭节约引领绿色风尚	垃圾分类、社会实践、绿色生态节等	过程评价	人与自然	
	绿色理念	持续发展：学业学习之外发展自己的兴趣爱好	体质监测、社团活动、缤纷嘉年华等			
美	阳光心态	积极进取：热爱生活和学习	课堂表现、家庭表现、活力阳光节等	增值评价	人与自己	
	阳光心态	乐于奉献：乐于帮助身边的人	值日活动、劳动教育、志愿服务等			
劳	国际视野	开放包容：能够包容他人的不同意见	小组学习、问卷调查等	综合评价	人与世界	
	国际视野	国际理解：关心地球和国际大事	魅力国际节活动、阅读分享等			
	协作意识	沟通分享：懂得聆听他人和分享自己	课堂学习、阅读分享等		人与他人	
	协作意识	团结合作：能愉快地与别人合作完成任务	社会实践、社团活动、校园六大节等			

注：一级指标依据2019年6月23日《中共中央、国务院关于深化教育教学改革全面提高义务教育质量的意见》

表2-2 儿童友好视域下数据驱动的教育评价实践模型（教师数字档案）

一级指标	二级指标	评价要素	记录场景	评价方式	儿童友好要素	数据驱动模型
综合素质	人文底蕴	师德师风：具有良好教师职业道德修养；人文情怀：传统文化中涵养厚德载物的精神品格	考勤、报表、师德考核等；阅读记录、个人分享等	结果评价	人与历史	教师原始数据采集（物理态生命）↓
	阳光心态	积极进取：热爱生活和工作；乐于奉献：在奉献中实现自身的价值	问卷调查等；社会工作量等		人与未来	教师原始数据解码 数据银行存储（数据聚合态生命）↓
专业水平	协作意识	专业能力：具备教育教学专业知识和能力；团结合作：能与身边的人有效合作	课程建设、课堂教学、经验分享等；集体备课、科组建设、学科活动等	过程评价	人与自然	"之光"AI挖掘、绘制教师个体画像↓
	国际视野	开放包容：尊重差异眼光看问题；国际理解：以世界眼光融入看问题	问卷调查等；课程建设、教育国际化活动等	增值评价	人与自己	赋能教师、助力成长（物理态生命）
创新能力	创新精神	终身学习：具有终身学习的意识和能力；教研水平：通过教研解决教育教学难题	阅读记录、研训记录、教学反思等；论文撰写、课题研究、科研成果等	综合评价	人与世界	注：数据聚合态生命是物理态生命在数字化世界的投影
	绿色理念	低碳环保：勤俭节约引领绿色风尚；持续发展：合理规划职业生涯	垃圾分类、无纸化办公等；个人发展规划、成长档案等		人与他人	

注：一级指标依据2018年1月20日《中共中央、国务院关于全面深化新时代教师队伍建设改革的意见》

表2-3　儿童友好视域下数据驱动的教育评价实践模型（家长数字档案）

一级指标	二级指标	评价要素	记录场景	评价方式	儿童友好要素	数据驱动模型
弘扬向善家庭美德	人文底蕴	爱党爱国：了解党史国情，珍视国家荣誉	裕德讲堂、社会实践等		人与历史	家长原始数据采集（物理态生命）↓ 家长原始数据解码 数据银行数据存储（数据聚合态生命）↓ "之光"AI挖掘，绘制家长个体画像 赋能家长、助力成长（物理态生命）↓ 注：数据聚合体生命是物理态生命在数字化世界的投影
		人文情怀：传统文化中涵养厚德载物的精神品格	亲子阅读、阅读分享等		人与自然	
注重子女品德教育	绿色理念	低碳环保：勤俭节约引领绿色风尚	垃圾分类、生活方式等	结果评价		
		持续发展：具备全面发展评价眼光	问卷调查等			
树立科学评价观念	阳光心态	积极进取：热爱生活和工作	亲子关系、问卷调查等	过程评价	人与自己	
		乐于奉献：乐于帮助身边的人	家长义工、班级服务等			
言传身教树立榜样	创新精神	终身学习：具有终身学习的意识和能力	阅读推广、家长进课堂等	增值评价	人与未来	
促进子女身心健康		问题解决：能够创造性解决生活和工作中的问题	亲子社群活动、同伴调查等			
依法履行监护职责	国际视野	开放包容：尊重差异兼融并蓄	裕德讲堂、亲子社群活动等	综合评价	人与世界	
		国际理解：以世界眼光看问题	亲子沟通、亲子阅读等			
积极支持协同育人	协作意识	沟通分享：乐于与身边的人分享	家长进课堂、家长论坛、家长漂流日记等		人与他人	
		团结合作：支持学校、社区协同育人	亲子社群活动、家校沟通、家庭教育小联盟等			

注：一级指标依据2020年8月24日全国妇联、教育部印发《家长家庭教育基本行为规范》

第二节 评价应用与环境建设

一、应用与环境建设思路

为了落实国家教育信息化总体规划及教育改革方针，以及《深化新时代教育评价改革总体方案》文件要求，我们改进结果评价，强化过程评价，探索增值评价，健全综合评价。学校以数据驱动和应用为引领，以服务教学、治理、研修和评价为宗旨，以数字新基建设施为基础，建立适应时代变化、符合学校发展，满足学生、家长、教师需求，具有海裕特色的智能化、数字化校园环境。

我们贯彻"应用驱动，数据导向，以人为本，成果为先"的核心思路，将教育教学活动中尚善群体的个体作为数据最小颗粒度，全自动、全过程、全样本、全类型地收集、分析数据，并呈现在治理、教学、研修、评价四个板块，对学校各项业务及时研判，给出相应的建议，使各类决策"有数可依，依数而智"。

最后，打造智慧物联系统，感知校内环境实时状态，建设海裕"未来数智校园"。

二、建设目标

（一）实现基于现代技术的智慧教学

响应国家课程改革与评价改革的号召，依托云平台与现代信息技术，通过构建智能的教学环境、设计与实施智慧的教学方法，智能化采集、记录与存储学生学习数据与行为数据，进行有针对性地数据分析和解释，实现精准高效的教学管理、教学反思、教学决策与干预。应用动态大数据技术采集诸如微观（每课时）与中观（单元、学期、学年）各维度数据，依托云平台进行动态分析，以人工智能技术提供精准教学建议，推送到各群体终端；同时对各群体宏观（学段）所有变现数据进行分析，描绘个人数字画像，落实评价改革要求。

（二）打造基于图像识别的平安校园

将校园各关键位置的监控视频流接入算法服务器，准确获取学生考勤情况，将考勤情况及时推送至相关人员以便其掌握学生总体情况，杜绝因上下学交接而出现的安全事故。通过图像算法追踪学生轨迹，准确定位学生所在位置。同时，基于图像识别对关键区域实施边界检测、闯入检测、陌生人聚类分析等，保证师生安全。设置日常巡检与隐患排查检查点，实时动态处理各种隐患。

（三）打造基于万物互联的绿色校园

根据各类型场室的使用用途，布置物联控制单元，接入统一中控平台，实现定时、分批、分类控制场室内弱电设备与统计校园能耗。根据场室使用频率，安装各类型传感器，实时收集如温湿度、噪声、颗粒物浓度等环境数据，对比绿色校园指标，改善校园生态环境。挖掘物联数据教育价值，能耗与环境数据也可作为教育资源，在班级或公共区域中安装屏幕显示相关数据，提高师生绿色环保意识。

（四）打造基于泛在学习的生态校园

建设全息式教学空间，提供沉浸式的学习体验与情感交流环境，充分利用AR/VR/MR设备构建虚实结合的教学环境，由有限的物理空间延展至更为广阔的虚拟空间。

建设移动智慧空间，利用移动图书馆、移动录直播设备，打破场室空间限制，让校园内的精彩随时分享、随处可见。

建设未来教育中心，利用5G+Wi-Fi6组网技术，开设5G+双师课堂，结合我校国际化发展路径，大幅降低国际交流成本与限制，实现中外校际资源共享、课堂共享、师资共享，让学生借助信息化手段获得多重体验，加强对外交流与合作。

（五）打造基于数据互通的数智校园

建设无纸化智慧校园，校内外常见的内控管理流程实现电子化流通。搭建在线管理平台，打通数据流，统一管控各项业务并收集随之产生的数据汇入教育数据平台。自动更新各类型报表，快速直观地感知校园治理实时状态，协助管理者做出精准决策，从依靠经验管理转变为依靠数据管理。实现数据的动态跟踪与追查，能及时与相关人员的响应联动，反馈节点进度，提高业务效率。

三、实施路径

（一）硬件环境建设

良好的硬件环境是学校信息化工作的基础，学校将采购合适的硬件设备以实现建设目标。同时，优化网络环境，配置教学设备，为开展信息化教育教学活动提供必备条件，方便采集各类型数据。

（二）资源建设

教学资源是教育教学必不可少的内容，是学校建设未来数智校园的重要一环。学校将分类别和优先级逐步完善教学资源库建设，鼓励教师将优秀的教学资源上传到云空间。同时，提供大容量、高速度、多接入的文件共享服务器供教师使用。所有教育教学资源多端同步，更好地为师生服务。

（三）师资队伍建设

教师是信息化手段运用的主体，未来数智校园中的各类场景均需要教师起引导作用，故需加强教师培训：一是加强教师教育信息化理论和实践的培训，按照"所需即所培，所培即所得"理念进行培训；二是提升教师信息素养，尤其是现代信息技术在教育教学中的运用。

（四）课题研究

以课题研究为引领，鼓励教师申报各级各类信息技术与学科课程整合课题研究，使现代信息技术的运用渗透到各科的教学中，鼓励教师"人人一课题"。以课题为抓手提高信息化应用能力。制订课题考核方案，以信息化应用成果为导向，对所有教师信息技术应用能力提升情况进行测评。

（五）提升学生信息素养

以小组合作为基础，配备学生终端，辅助学科教师开展教学活动。学科教师根据学科特点挖掘终端应用，指导学生使用电子设备。

以信息技术国家课程为抓手，提升学生信息素养，重视网络道德教育，抵制不良信息。通过"微课题"研究，学生提高了收集、筛选、处理、应用信息的能力。学校还将开展信息技术与学生实际生活相结合的活动，以此提高学生的信息能力和信息素养。

四、应用建设情况

儿童友好型数字新基建校园建设情况如图2-2所示。

图2-2　应用建设概览

（一）海洋课堂

海洋课堂是一款辅助教师全方位考评在校学生的智慧校园应用，本年度主要对五善、六大尚善基因评价维度、评价指标进行合理性优化，同时按学科智能化分类为教师提供更便捷的点评操作，如图2-3、2-4、2-5所示。

图2-3　海洋课堂应用

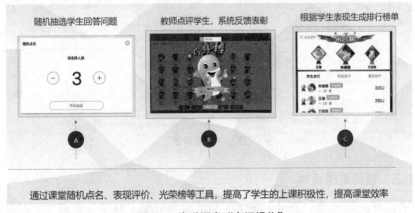

图2-4　海洋课堂"点评操作"

图2-5　海洋课堂"学生成长报告"

（二）观议课

在观议课应用中，教师可进行备课记录、教学设计，听课老师还可查看授课老师的课件设计，同时完成对授课老师的点评（见图2-6）。

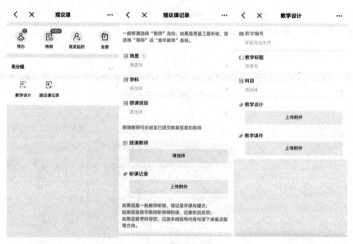

图2-6　观议课

（三）校园游园活动

家长可在该应用中及时了解学校活动举办情况，并参与进来（见图2-7）。

图2-7 校园游园活动

（四）常规检查

该应用用于学校日常治理工作，为教师过程性数据留痕（见图2-8）。

图2-8 常规检查

（五）OA审批

该类应用用于学校日常治理工作，旨在打通数据壁垒，实现无纸化办公，提高工作效率（见图2-9）。

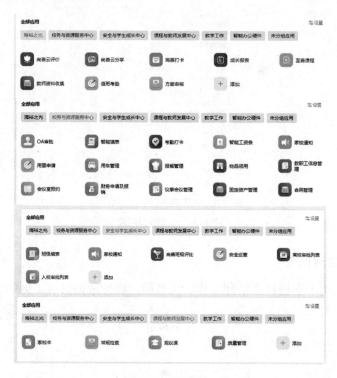

图2-9　OA审批

（六）"海裕之光"——数字新基建展示大屏

学校创设跨界融合的全域学习生态系统，坚持"应用驱动，数据导向，以人为本，成果为先"的思路，围绕"教学、研修、治理、评价"这四项智慧校园核心业务，开发了"海裕之光"AI教育大脑（一个平台、三个入口、三大应用），用数字档案记录尚善群体发展过程，驱动学校赋能治理，为教师、学生、家长提供教学、教务、家校共育服务（见图2-10）。

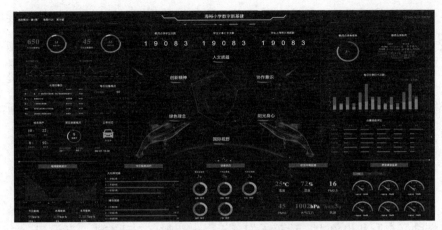

图2-10 "海裕之光"——数字新基建展示大屏

五、创设评价环境

海裕小学通过开展善育工程，孕育善育文化，滋养尚善群体，以期植入"尚善基因"，最终实现善德、善智、善体、善美、善劳的育人目标。"尚善基因"是评价尚善群体的核心指标，除常规课堂外，学校多种活动均为教育评价提供了必要的环境与活动基础。

（一）六大尚善基因

1.人文底蕴（人与历史）

人文底蕴，关注人与历史的关系。正所谓"唯宽可以容人，唯厚可以载物"（明·薛瑄），我们不仅要追求人文知识的内化与积淀，撷取历史上人类智慧的成果；更要涵养人文情怀，以人为本，尊重尊严和价值，关切幸福与发展；在中华传统文化的浸润中，培养文化自信，提升审美情趣，涵养润物无声、厚德载物的精神品格。

为落实培养具有人文底蕴的尚善基因，学校将通过建设至善工程课程体系，开展"尚善人文节"活动，"人文基因"之书写能力评价检测、"海阅书香、裕读诗韵"读书节、人文系列微课程之故事语文课程、绘本课程、晨读午练课程、图书漂流阅读沙龙活动等等，让学生的人文底蕴在课程中不断深厚，在活动中厚积薄发，在文化中不断陶冶增长。

2.创新精神（人与未来）

创新精神，关注人与未来的关系。"惟进取也故日新"（清·梁启超），我们鼓励好奇心和想象力，让孩子们善于提出新观点、新方法、新设想，并进行理性分析，做出独立判断；我们欣赏勇于探究、百折不挠的探索精神；我们倡导创意表达，培养创客意识，将创新理念生活化、实践化。创新精神是一个国家和民族发展的不竭动力，也是一个人直面未来的坚实底气。

为落实培养创新精神尚善基因，学校通过建设至善工程课程体系，开展"慧炫科创节"活动，"科创基因"之问题解决能力评价检测，线上海裕"尚善云学堂"之科创系列微课程，国防教育和非物质文化遗产进课堂，船模社团和社会实践活动，等等，让学生的创新精神在学习中升华，在实践中发光，在数据化评价中得到充分呈现和激发。

3.阳光身心（人与自己）

阳光身心，关注人与自己的关系。"天行健，君子以自强不息"，它代表着健康平衡的身心状态和积极进取的人生态度。表现为：能够正确认识自我，自信自爱，坚韧乐观；能保持良好的人际关系，积极交往，与人为善；能调节和管理自己的身体和情绪，悦纳自我，养成健康的行为习惯和生活方式；善于学习，不怕挫折，对生活有热情，有目标，理解生命的意义和价值。

为落实培养阳光身心尚善基因，学校通过开展活力阳光节系列之社会实践活动和趣味运动会，集体创作线上的阳光系列微课程之尤克里里唱游课、自制乐器唱游课、艺术创作课程和国际跳棋课程，阳光系列微课程之健康小课堂，大课间自编操课程，等等，让学生在丰富的体验中激发身心的正能量，引导学生积极向上，全面发展。

4.协作意识（人与他人）

协作意识，关注人与他人的关系。没有人是一座孤岛，而团结协作是连通人与集体的桥梁。我们应做到自尊自律，诚信友善，对他人有感恩之心；积极参与社会活动，具有团队合作精神，以合作担当的态度，对自己和他人负责；具有规则和法制意识，坚持公平正义。

为落实培养协作意识尚善基因，学校在六大尚善节日里都渗透对学生协作意识的培养，在课堂中引入小组合作教学模式，在学生德育常规展示中强化学生协作意识，利用红星系列微课程、国旗下课程和班级展示，在少先队教育下渗透集体意识和协作意识，让学生心怀集体，重视协作。

5.绿色理念（人与自然）

绿色理念，关注人与自然的关系。"天地与我并生，而万物与我为一"（战国·庄子）。追求人与自然的和谐，是中国传统文化的主流。我们应培养生态意识，增强生态文明素养，努力做到：热爱并尊重自然，与自然和谐相处；保护环境，节约资源，具有可持续发展理念和行动；践行勤俭节约、绿色低碳、文明健康的生活方式，引领社会绿色风尚。

为落实培养绿色理念尚善基因，学校通过开展绿色生态节活动，以红色力量引领学生绿色生活，低碳行动增强学生环保意识，社会实践带领学生探索自然，并在常规要求中让学生减少垃圾生产，变废为宝，身体力行践行地球友好的理念。

6.国际视野（人与世界）

国际视野，关注人与世界的关系。国际视野是未来发展的重要认知，我们应具备开放的心态，了解人类与世界发展的历史，关注人类面临的全球性挑战，理解人类命运共同体的内涵与价值；我们应尊重差异，了解世界不同文化，理解和包容文化的多样性和差异性；既要有全球视野，也要坚持民族文化自信，为世界的和平发展承担应有的责任。

为落实培养国际视野尚善基因，学校通过开展魅力国际节活动，通过学校自创趣味英语韵律操，趣味英语游园活动，让学生在玩中学，寓教于乐；开设英语口语课程，英语绘本阅读社团，国际系列微课程之快乐英语绘本系列等，让学生可以线上线下接触国际化资源，潜移默化培养国际思维。

（二）六大尚善工程

1.海蓝工程——"儿童友好型"海洋主题校园建设工程

根据中共中央、国务院印发的《关于深化教育教学改革 全面提高义务教育质量的意见》，我校秉承"以学生为中心"的思想，倡导儿童优先、儿童平等、儿童参与的理念，建立一个充满安全感、色彩优美、空间灵活、活动自由，让儿童充分感到"被尊重"的学习、生活环境。

学校围绕"人文底蕴、科技创新、阳光积极、绿色环保、国际视野"等五大主题，营造三大生态系统，分别是：

生活场生态系统：以海洋之家为主题，通过美学育人，设施友好，立体研学，融合学校、家庭、社区等教育资源一体化，打造无边界育人场。

学习场生态系统：通过建设主题式校园，以及创建创客教室、机器人编程实验室、录播教室、数字图书馆、室外移动创意空间等智慧校园空间，创设立体式研学环境，打造跨界融合的全学习生态系统，增强空间赋能学习作用。

展示场生态系统：以学生的创作为核心，以海洋之家为主题的校园文化建设，实现学生平面、立体、静态、动态、虚拟、现实的创意呈现和创造成长。

三大生态系统的打造，为的是实现儿童与儿童之间的友好关系、成长环境对儿童呈现的友好态势以及儿童对周围世界表现出的友好情绪反应。同时，借助"儿童友好"视域下数据驱动的教育评价改革实践研究，让学校教育教学领域方方面面的评价成为赋能儿童成长的力量，最终实现"空间集约、环境友好、设施完善"的"儿童友好型"海洋主题校园，营造善存天地的环境文化。

2.司舵工程——"数字画像"驱动下的学校赋能治理工程

我校通过全方位智能化的技术，感知、获取数据，经过分析与处理，生成学生、教师、家长的个人及群体数字画像，积累过程性数据、发展性数据、多元领域数据、动态生成数据，改革教育评价方式，激活三大人群的活力与潜力，见证成长和变化。以"一个平台、三个入口、三个亮点"打造"133"技术品牌"海洋之光"，实施"数字画像"驱动下的学校赋能治理工程，建立善治善能的管理文化，推动构建具备标杆示范效应的海洋数字生态校园。

3.至善工程——"135至善课程体系"自然生长工程

我校以"臻于至善，智启未来"的课程理念，通过对学生学科关键能力的校本化建构，在教育发展的传承与创新中，为学生的幸福人生而创建"135至善课程体系"，智造一个跨学科、无边界的"育人场"，搭建一个让学生自我展示、自主发展的学习平台，使其努力形成"尚善乐学"的品格，点亮学生幸福成长的人生。

一个体系——至善课程体系。至善课程的建设是以学生为中心，旨在促进学生的全面健康发展。

三个维度——以《中国学生发展核心素养》中提出的文化基础、自主发展与社会参与为课程建设、实施与评价的主要维度，落实学生核心素养与关键能力的养成。

五个领域——通过善德、善智、善体、善美、善劳五个领域的课程建设，为学生的幸福人生奠基，为粤港澳大湾区和深圳市优先示范区建设提供强有力人才保障。

4.红星工程——基于少先队平台的"尚善少年"培养工程

我校以"积善成德"为德育文化目标，深度融合少先队工作与学校教育教学工作，打造"1—6—6"红星工程方案，贯通六大"尚善基因"：人文底蕴、创新精神、阳光身心、协作意识、绿色理念、国际视野，以培养具有仁善、行善、精善、能善四大"善品"的尚善少年为主要目标，最终实现德智体美劳的全面发展。

"1"：1个载体。以少先队教育活动为载体，传承红色基因，促进学生全面发展。

"6"：6个内容。主要通过"人文底蕴"基因孕育教育、"创新精神"基因孕育教育、"阳光身心"基因孕育教育、"协作意识"基因孕育教育系列、"绿色理念"基因孕育教育系列、"国际视野"基因孕育教育系列等六个内容实现。

"6"：6个路径。主要通过制度、课堂、环境、活动、家校合力、科研六个路径实现建设目标。

5.灯塔工程——"三位一体"的"尚善教师"发展工程

我校以"尚善教育"为办学理念，依托"135至善课程"体系的建设，通过课程改革，结合数字画像大数据评价和尚善教师评价方法，带动教师的专业成长，促进教师的专业化发展，综合打造"学习共同体、发展共同体、研究共同体"即"三位一体"的卓越教师成长工程，培养"温裕、谦裕、由裕、衍裕"四个维度的教师综合素养，提升教师"人文底蕴、创新精神、阳光身心、协作意识、绿色理念、国际视野"六大方面的专业素养，致力于建设一支德高艺精、充满活力的"尚善教师"。

6.深蓝工程——爱与智慧兼备的"尚善家长"成长工程

我校围绕"尚善教育"的办学理念，结合六大"尚善基因"培养目标，营造善善从长的家校文化，制定培养具有慈爱、仁爱、深爱、智爱四大特征的尚善家长方案。通过建立家长"善育课程"品牌，成立"家长义工"品牌和"家长委员会"品牌等内容，依托家长善育课堂，父母大讲堂，家长漂流日记和学校各类活动记录等形式，借助数字画像落实评价，提升全校的家校协同育人工作实效，从而实现"海裕善育，点亮未来"的办学初衷。

（三）"一、三、六、九"尚善精品活动

一：举办一场全校性千人才情趣综合展示活动。

三：海裕"三大礼"：以时间为轴，以孩子成长关键期为切入点，举办入学礼（一年级）、成长礼（四年级）和毕业礼（六年级）。

六：与六大"尚善基因"相对应，开展"善育五彩缤纷节"。"五彩"分别指尚善人文节、慧炫科创节、活力阳光节、绿色生态节、魅力国际节，分别对应"人文底蕴、创新精神、阳光身心、绿色理念、国际视野"五个"尚善基因"，也与海裕的"五彩"校徽一脉相承。最后，以"协作意识"融合另外五大"尚善基因"，开展"海洋缤纷节"，让孩子们浸润在善育的土壤之中，让善育之花盛情开放。

（1）尚善人文节。以"善"文化为基础，善德明志，守正出新。让校园里充溢着浓浓的人文气息，让学生在学习、理解、运用人文领域知识和技能等方面形成基本的能力，开阔学生视野，丰富人文知识，充实文化底蕴，丰富学生的精神世界，提高人文素养，拥有一定文化积淀、人文情怀和审美情趣。培养知识广博、全面发展的学生。开展活动：我与自身（国旗下讲话、主题班队会、校园传媒等），我与才艺（艺术节、读书节等），我与集体（入学礼、入队礼、散学礼、毕业礼等），我与传统（清明、端午、中秋等），我与国家（国庆节、建党节、五四青年节等），我与社会（社区宣传、义工服务等），我与家庭（亲子阅读、家长学校与家长课堂等）。

（2）慧炫科创节。以"善"文化为基础，臻于至善，智启未来。让学生在"跨界融合"的教育模式下学习、理解、运用科学知识和技能等方面形成价值标准，具有一定的思维逻辑能力和批判质疑能力、创新精神和勇于探索

的精神。开展活动：我与创意（科学与数学融合的科创节、船模比赛、创客比赛等）。

（3）活力阳光节。以"善"文化为基础，上善若水，向光而行。让学生在认识自我、发展身心、规划人生等方面形成健全的人格，拥有阳光的心态，珍爱生命和自我管理的意识。开展活动：我与健康（低年级的亲子运动、趣味运动和活力运动会、球类比赛、大课间等）。

（4）绿色环保节。以"善"文化为基础，上善若水，向光而行。让学生在调查、实地考察、互动游戏等活动中形成乐学善学、勤于反思的能力与劳动意识，以学科跨界融合的方式，培养学生的实践创新精神和环境意识，鼓励学生争做"绿色理念"的传播者和实践者。开展活动：我与自然（环保节、春秋游社会实践活动、综合实践活动等）。

（5）魅力国际节。以"善"文化为基础，上善若水，向光而行。让学生形成社会认同和国家认同的情感态度与价值取向以及国际理解的行为方式，培养学生的责任担当的意识。开展活动：我与国际（英语节、联合国模拟会、时尚节）、我与社会（慈善校园）、我与国家（国之重器）等。具体时间安排如表2-4所示：

表2-4　海裕小学活动课程安排表

第一学期	六大节	统筹部门	学科融合	关联主题教育					尚善基因
9-10月	尚善人文节	安全与成长中心	音乐、美术	中秋国庆	教师节	习惯养成	安全教育	合唱节	人文底蕴+协作意识
10-11月	活力阳光节	安全与成长中心	语文、体育、心理	体育节	读书节	社会实践	心理健康		阳光心态+协作意识

续表

第一学期	六大节	统筹部门	学科融合	关联主题教育				尚善基因
12月-1月	魅力国际节	课程与教师发展中心	英语	禁毒教育	法制教育	冬至	元旦	国际视野+协作意识
第二学期	六大节	统筹部门	学科融合	关联主题教育				尚善基因
3-4月	绿色生态节	安全与成长中心	科学、美术	地球日、世界水日	植树节	生态农场	清明	绿色理念+协作意识
5月	慧炫科创节	课程与教师发展中心	数学、科学	端午	母亲节			新精神+协作意识
6月	海洋缤纷节	安全与成长中心	音乐、美术	儿童节	艺术节	入队教育	六一表彰	父亲节	善育之花盛情绽放

九：以"善德"为核心，进行九种礼仪教育，即爱国礼、阅读礼、用餐礼、仪表礼、倾听礼、说话礼、行走礼、整理礼、排队礼。

礼仪教育是良好的知、情、意、行和谐、统一发展的结果。

"知"为先导，利用学生周围发生的具体的事例和情境，通过摆事实，讲道理，以理服人，引导学生对礼仪的正确认识，对学生进行正面教育。

"情"，是指学生对某种礼仪所作的好坏判断而引起的内心体验，是学生与周围环境、同伴、老师发生关系时，产生符合文明礼仪的行为标准的内部动力。

"意"，即意志，是人们产生良好行为礼仪过程中，自觉地确定目的，支配自己行动，克服种种困难的内部心理过程。

"行"，是知、情、意相互作用的结果。我校通过自主开发海洋课堂app评价和激励学生，及时记录和强化正确行为，并及时反馈给家长，家校共同配合，激发学生修正行为。

每一次校园活动都是海裕"九礼"的综合体现。通过礼仪教育，引导一年级的学生知礼仪、懂礼貌、讲文明，以迅速适应班级和学校集体生活，提升交往技能，增强交往能力，激发孩子们积极向上的情感体验，激发学生对文明礼仪的情感和认同感。

第三节　教学主张与实施策略

所谓主张，根据《现代汉语词典》的解释，是"对于如何行动持有某种见解"或"对于如何行动所持有的某种见解"。教学主张则是对教学、对教学改革的一种坚定的见解。这种见解是个性化的、独特的、稳定的，是教育思想、教学理念、教学模式等的具体化。随着教育改革的深入，教学评一致性越来越受到重视。评价是教育教学的指挥棒，如何保证教与评有机整合，海裕小学基于学生素养提出了各学科教学主张。

一、海裕小学数学教学主张

（一）"四好"教学模式

当下，教育改革浪潮迭起，教育科研的声音越来越铿锵有力。我们认为，教育应该返璞归真，顺应孩子天性，有教无类。海裕小学以"尚善教育"为办学理念，努力建设"儿童友好数字化海洋生态学校"。其核心就是在海洋生态背景下，以数据驱动教育教学改革，营造儿童友好氛围，即友好的管理、友好的课堂、友好的班级活动、友好的家校。那么，海裕小学数学教师应如何更好地为学生发展服务，如何体现儿童友好呢？经过实践总结，我们得出以下结论：在数学课堂上，只有了解、尊重人的天性，才能体现儿童友好，为学生全面发展服务。

《义务教育数学课程标准》指出：学生的数学学习内容应当是现实的、有意义的、富有挑战性的；数学课程应致力于实现义务教育阶段的培养目标，要面向全体学生，适应学生个性发展的需要。我们顺应儿童天性，结合兴趣、探究、分享、习惯四个维度进行教学设计，构建数学课堂。

1.好兴趣

莎士比亚说：学问必须合乎自己的兴趣，方才可以得益。[①]既然兴趣是最好的学习动力，我们就要把激发学生的兴趣放在首位。兴趣和好奇紧密联系，好奇心是引起兴趣的先导。儿童好奇心强烈，喜欢探究新鲜、有趣的事物。

数学教学活动，特别是课堂教学应尽量激发学生学习兴趣，调动学生积极性，启发学生数学思维。学生对未知的数学知识是很好奇的，总希望一探究竟。所以，教师创设的教学情境要包括有趣、有用且有挑战性的问题或活动，激活学生的已有知识和经验。教师只有多在激发学生学习兴趣上下功夫，运用教学智慧和教学艺术，充分展示数学的趣味性，拨动学生的好奇心，才能最大限度地激发学生学习原动力，使学生乐于学习。

2.好探究

美国教育家布鲁纳说：探究是数学的生命线。探究精神是开展创造性活动的前提。学生是学习的主体，学习的目的不仅是习得知识，还要提升思维能力、数学运用能力。学生在探究过程中，将未知转化成已知，构建知识体系，梳理知识脉络。

《义务教育数学课程标准（2022年版）》指出：学生学习应该是一个生动

① （英）威廉·莎士比亚.驯悍记 [M].熊杰平译.北京：外语教学与研究出版社，2016.

活泼的、主动的和富有个性的过程；认真倾听、积极思考、动手实践、自主探究与合作交流等都是学习数学的重要方式；学生应当有足够的时间和空间经历观察、实验、猜测、计算、推理、验证等活动过程。

其中，认真倾听是获取知识的重要途径；积极思考是数学学习的基本方法，动手实践是探究新知的基本手段和获取直接经验的机会；自主探究是学会学习的重要保障。

数学思考是数学教学中最有价值的行为，有思考才会有问题，才会有反思，才会有思想，才能真正感悟到数学的本质和价值，才能发展创新意识。在课堂教学中，必须让学生独立思考，提高数学理解能力，掌握数学基本知识和技能，领悟数学思想，积累数学活动经验。

3.好分享

数学是一门抽象的学科，用符号语言和数学公式表达各种辩证关系，能够帮助我们分析和解决实际问题。数学之美体现在数学文化、数学思维等方面。在课堂上，教师必须将数学与实际生活联系起来，渗透数学思维，用数学知识服务现实生活。

小学数学教材按照"情境+问题串"的方式编排内容，用具体情境激发孩子的好奇心。学生在问题串的引领下，思考、分享问题解决策略，核心素养也随之得到提升。在"问题情境—建立模型—解释与应用"模式下，学生探究数学知识，将成功的经验分享给他人，既品尝到成功的喜悦，也在分享过程中巩固了记忆。

课程标准强调：认真倾听、积极思考、动手实践、自主探究与合作交流等都是学习数学的重要方式。合作交流是分享学习成果的有效方式。在课堂教学中，让学生提出问题，再从中选取能够体现重点学习目标的进行探究，然后分享探究成果，最终达成知识与技能目标。

学生逻辑清晰、表达准确、乐于分享，"言之有物（有话说、说得对）""言之有理（有条理、有逻辑）""言之有序（有顺序、有层次）""言之有力（有感染、有说服力）"。

4.好习惯

课堂应该是充满活力的，学生是这些活力的体现者和体验者。课堂的活力存在于数学思维的形成过程中，我们设计各种学习活动让学生在开放、平等的氛围中进行探究，着重培养学生的数学思维。

英国著名哲学家弗朗西斯·培根说："习惯真是一种顽强而巨大的力量，它可以主宰人生。因此，人自幼就应该通过完美的教育，去建立一种良好的习惯。"

学习习惯指在长期的学习中逐渐养成的较稳固的学习行为、倾向和习性。良好的学习习惯具有很强的心理内驱力和学习目标达成的惯性力，有利于学生通过自主学习形成学习的正向迁移，提高学习效率，变"学会"为"会学"，为终身学习打下坚实的基础。

数学教师要结合学生需要及教学内容，合理、有效地采用多种教学策略，让学生经历探究的过程，拓展思维的广度和深度，以培养学生良好的学习习惯，如善于倾听、勤于思考、敢于质疑、准确表达、善于阅读、专心致志等。

史宁中教授曾说："我们要用数学的眼光观察世界，用数学的思维分析世界，用数学的语言描述世界。"①海裕小学数学科组提出的"四好"数学教学主张——好兴趣、好探究、好分享、好习惯，体现了"四个过程一致"：课程内容的展开过程、学生的学习过程、教师的教学过程、课程目标的达成过程一致。我们留给学生充分的表现空间，欣赏学生创造，分享学生的智慧。

当学生提出各式各样的问题时，你可能会一时不知所措。请你不要担心，我们做任何事情都是由无序走向有序的，这一过程就是教育。

（二）"探究分享+当堂达标"教学模式

《义务教育数学课程标准》提倡学生动手实践、自主探索、合作交流，从学生已有经验和知识储备出发，给学生提供充分的观察、实验、猜测、计算、推理、验证等数学活动机会，使学生在掌握数学基础知识、基本技能的同时积累基本的活动经验，获得适应社会生活和进一步发展所必需的基本思想，培养学生的数学核心素养和关键能力。基于此种理念，我校实践探索了"探究分享+当堂达标"高效课堂教学模式。

1.教学流程

数学教学主要培养学生的数学核心素养。数学核心素养是具有数学基本特征的、适应学生个人终身发展和社会发展需要的思维品质与关键能力。数学核心素养是数学课程目标的集中体现，是在数学学习的过程中逐步形成的，因而也是数学学业质量评价的重要依据。小学生数学核心素养主要包括：数学抽象、逻辑推理、数学建模、直观想象、数学运算、数据分析六个方面。这些数学核心素养既有独立性，又相互交融，形成一个有机整体。

---

① 史宁中.义务教育数学课程标准（2022年版）的修订与核心素养[J].教师教育学报，2022（3）.

我们分解了小学生数学核心素养所体现出的关键能力,并根据课程内容及学生身心发展规律进行教学设计(见表2-5)。

表2-5 小学数学关键能力分析表

数学抽象	逻辑推理	数学建模	直观想象	数学运算	数据分析
·抽象出数或图形 ·抽象出数量关系 ·抽象出图形关系	·合情推理 ·演绎推理	·发现和提出问题 ·分析和解决问题	·直观感知 ·空间观念 ·几何直观	·理解运算 ·实施运算 ·估算	·收集和整理数据 ·描述和分析数据

(1)创设情境,提出问题。生活是数学的起源和归宿,有效的数学学习应该是在生活情境中进行的。我们创设了富有情趣、密切联系生活或复原生活情景的情境,引导学生经历发现问题、提出问题、分析问题、解决问题的全过程。

现行各版本数学教材均配有情境图片,我们根据当地情况创造性地加以开发和利用。在课堂教学中,教师出示教材"信息窗"或设计学生熟悉的生活情境。学生深入情境自主获取信息,并与同桌交流,再根据读取到的信息提出问题,教师将紧扣教学目标的问题写在黑板上。最后,教师出示本节课的学习目标,也可以由学生根据板书讨论本节课的学习目标,根据学生年龄和课型灵活处理。

(2)合作探究,分享交流。

①充足的探究准备。心理准备:学生应认识到,学习数学的主要目的是掌握思维方法,而不是记住规则。对于数学概念,要充分思考、理解,才能灵活应用。材料准备:为了让学生主动探究,每节课精心准备合适的探究材料和学习单。譬如,在探究十几减9的退位减法时,每人两捆小棒,每捆10

根，学生在家练习如何捆小棒。

②系统的小组探究规则。任景业老师提出分享式教学法，"用问题确定课堂的走向，用规则保证进程的顺畅。"学生每四人一个小组，分别为组织员、汇报员、记录员、总结员，具体可灵活设置。小组成员做好分工后，发挥各自特长，如组织、汇报、操作、总结等，参与探究活动。在探究过程中，组织员要及时提醒小组成员发言，记录员负责记录关键方法，汇报员负责汇报小组探究成果，最后由总结员就本次活动进行总结。学生可以尝试不同的分工。

③积极的探究活动。教师留给学生独立思考的时间和空间，凡是学生能发现、能独立解决的，教师决不提示。但是，受生活经验和数学学习水平的制约，一些学生无法顺利地解决问题，或者无从下手，这时就要开展小组合作探究活动。小组合作探究有助于学生将头脑中零散、模糊的认识升华为完整的结论。或许是同伴的一句话，就能使自己茅塞顿开；或许同伴的方法更好，就要积极请教；或许本小组不能解决问题，那么小组之间可以争论。

④踊跃的分享交流。分享的前提是"理解、认可和欣赏"。为了提高分享效果，可以先进行排练。一个好的分享者应做到声音响亮、姿态得体、表达流畅。在通常情况下，课堂探究后由一两个小组进行展示，其他小组补充，就未解决问题展开全班交流，使全体学生都能有所收获，掌握问题解决策略。教师认真倾听，捕捉可以利用的生成性资源，并巧妙地运用到教学活动中，让课堂焕发活力。同时，适时对个人、小组探究成果给予评价，使学生体验成功的快乐，进一步提高学习数学的兴趣。

（3）建模应用，巩固新知。数学模型是针对参照某种事物系统的特征或数量依存关系，采用数学语言，概括或近似地表述出的一种数学结构，这种数学结构是借助数学符号刻画出来的系统的关系结构。建立模型是一种能力、一种数学素养，更是数学课程标准的要求。学生用语言、文字或符号总结自己的发现，即建立模型，再用模型解决实际问题。

（4）达标测评，总结提升。教师紧扣本课教学目标，设计两个层次的达标题：学生必做的基础题和部分学生选做的提高题。达标题要有针对性、系统性，量和质要适当，重在方法和能力培养；题目设计灵活多样、难易适中，既面向全体学生，又要照顾学困生；检查根据学生的完成情况而定，早完成的要面批，以便教师及时掌握达标情况，然后抽查一个或几个学习小组，或是同桌或小组互批互改，教师一定要留出改错的时间。

2.预计成效

以上课堂教学模式可根据不同课型进行微调整，也可以在此课堂模式的基础上践行更丰富的模式。此次教学模式预计成效如下：

（1）学生的学习方式有转变。学生不再靠简单的记忆与模仿完成数学学习，他们是数学问题的发现者，是解题策略的研究者，他们是学习的主人，教师只是课堂教学的组织者、引导者、合作者。

（2）提高学生学习数学的兴趣。丰富的情境使学生强烈地感受到数学就在身边，所学到的任何知识都是用来解决生活问题的，大大激发了学生永不满足的求知欲望，从而更加期待提出问题、探究问题。

（3）培养学生解决问题的能力。探究的过程就是研究解题方法、策略的过程。每一节课的学习、研究成为学生成长过程中的一种内在需求，由此提高了学生的自主探究能力、合作能力，有利于培养参与未来竞争的需要。

（4）提高了教师的综合素质。新的教学模式，改变了教师照本宣科的现象，提高了教师的备课水平、驾驭课堂的能力和综合素质。

"探究分享+当堂达标"小学数学课堂教学模式把课堂还给学生，学生是课堂的主要角色，需要较大力气培养学生的规则意识、分享能力，依据学生的动态生成来构建自己的课堂语言，引导学生从无序走向有序，对教师是一项重要的挑战。一个人可以走得很快，但不可能走得很远，只有一群人才能走得更远！我们海裕小学数学组全体教师就是一个强大的研究共同体，一起加油吧！

（三）数学学习习惯

结合我校"尚善教育"办学理念，为实现儿童友好型数字化海洋生态学校办学愿景，落实"人文底蕴、阳光身心、绿色理念、协作意识、创新精神、国际视野"等六大"尚善基因"，从儿童视角、儿童需求、儿童发展等角度出发，立足数学课堂，培养数学习惯。良好的数学学习习惯能促进思维的发展，有利于提高自学能力，既是学生获取数学知识的根本，又是学生不可缺少的基本素质。学生是否养成良好的数学学习习惯，不仅直接影响当前的学习成绩，而且对今后的学习乃至工作都会产生影响。

1.课前习惯

（1）课前预习。课前预习是指学生在新课前的一定时间里，先自己对教师所要教学的知识内容进行学习，能提高学生学习新课的兴趣，使学生掌握学习主动权，从而更好地理解和掌握新知识，既是学好新课、取得高效的学习成果的基础，也是培养自学能力的有效途径。

（2）课前准备。课前准备是指学生在课前按老师要求准备好与数学有关的相关的物品，并将物品摆放好。

摆放要求：

桌面上放数学书、知识能力与训练、课堂练习本。大的书本在下、小的书本在上，统一叠放在桌面左上角。

文具盒统一放入抽屉。

2.课堂习惯

（1）倾听习惯。古今教育家无不强调"听"在学习生活中的重要性。在活跃的数学课堂上，学生光有表达是不够的，还要倾听别人的意见。这是一种良好的学习习惯，倾听老师讲课、倾听同学发言，才能有效参与教学过程，点燃思维的火花，获取知识，培养能力，才能保证课堂教学活动顺利进行。因此，教师要明确教学目标，要求学生一定要认真听其他同学的发言，表扬认真听课的学生，纠正不认真听课的学生。这样，学生学会了倾听，学习也主动了。学生在课堂上认真倾听老师的讲解、同学的发言，积极主动地参与教学活动。

（2）思考习惯。宋代张载说："在可有疑而不疑者，不曾学，学则须疑。"[①]教学的根本在于引导学生主动思考。学生只有养成独立思考、及时反思的好习惯，才能高效学习数学知识。

情境创设引领学生深入思考。从数学学科特点和小学生心理特点出发，根据新授知识的需要，精心设计学生感兴趣的生活情境。例如，教学六年级数学"平移和旋转"时可以用多媒体设备展示生活中出现平移和旋转的物体，

---

① （宋）张载.张子全书[M].西安：西北大学出版社，2015.

如摩天轮、电梯等，让学生思考平移和旋转的运动特点。

给学生提供独立思考的时间。在课堂上，有些学生思考速度快、爱发言，不要急于让他们发言，为多数学生留出独立思考的时间，营造探究氛围。

（3）参与习惯。课堂教学是教与学的双边活动，每个学生都应积极参与，与人合作。

动手操作的习惯。包括：按照要求认真操作、认真记录、及时整理。

合作交流的习惯。包括：同桌讨论、小组讨论、班级讨论等。在合作学习的过程中，学生之间往往会碰撞出思维火花，形成多种意见或观点，从而抓住问题本质。

（4）提问习惯。"提出一个问题，往往比解决一个问题更重要。"问题是数学的"心脏"，在数学学习过程中，要逐步培养学生想问、敢问、好问、会问的习惯。

到了中高年级，一些学生由于心理上的原因，畏惧提问。

首先，教师要营造民主的课堂氛围，求同存异，鼓励学生多提问，发表不同的见解，培养学生质疑的习惯，对于学生的质疑，教师应当给出恰当的评价。特别是对内向的学生，要不断鼓励，帮助他们树立信心，让他们敢于质疑、提问。

其次，教师要教给学生多方面的、行之有效的质疑方法，让学生学会提炼有价值的疑难问题。可引导学生质疑课题，质疑概念的内涵及拓展，也可质疑教材的重点、难点。

3.作业习惯

（1）仔细审题。学生不要急于计算，而要想一想是否可用简便算法，既能提高做题的速度，又能提高计算的准确性。通过审题训练，养成认真严谨的习惯，引导学生灵活的选择正确合理的计算方法，提高做题的质量与速度。所以，培养学生养成良好的审题习惯是非常重要的。

（2）规范书写。书写是学习不可缺少的重要内容，不仅体现学生对待学业的态度，而且直接影响学生的学习成绩。学生作业中出现的很多错误，不是不理解知识，也不是基础知识掌握不牢，而是书写不规范、不清洁或不工整。例如，数字一定要写好，不能随笔带，否则，就会使"了"和"3"相混，"等号"和"2"，"小数点"和"1"相混等；要正确使用橡皮，不要一擦掉就马上写字，弄得一塌糊涂；要讲究书写格式，不能让上行分母与下行分子相混，不能让竖式中上步结果的位与下步结果的位相混；等等。学生养成了规范、清晰、工整等良好的书写习惯，才能避免出现作业错误，提高数学成绩。

（3）独立完成。培养学生独立完成作业的习惯。课堂作业由于有老师督促检查，学生一般还比较认真，但家庭作业质量难以保证。例如，做作业时心神不定、拼命赶进度、依赖家长或照抄同学的作业等。这些都严重影响了作业的质量。为此，老师在布置家庭作业时，除对学生提出要求外，还应同家长取得联系，共同指导学生认真、独立地完成家庭作业。

（4）作业评价。作业是数学教学的延续和补充，主要包括完成作业和评价作业两部分。对于学生来说，这两个部分互相融合，不能分割。作业评价对提高作业的准确率，以及培养学生的思维能力、判断能力、评价能力具有重要意义。学生在评价作业时，主要评价自己在审题、检验、纠错等方面的表现。有的学生在计算方面出错，有的学生在审题上出错，有的学生在抄写时出错，如发现错误，应自觉地找出原因，并加以改正。

4.课后读书习惯

课后读书，其实就是对刚学过的知识内容及时进行复习。课后读书不仅能增强学生的数学意识，提高学生的感知能力，而且能促进思维发展，巩固所学知识。

习惯具有支配行为的力量，是人们在长期的实践中养成的。培养学生良好的数学学习习惯，必须贯穿数学教学全过程。教师坚持示范，抓好训练，循循善诱，才能取得理想的结果。

二、海裕小学语文教学主张

（一）磁场语文

1.提出背景

《义务教育语文课程标准》指出：语文课程是一门学习国家通用语言文字运用的综合性、实践性课程。工具性与人文性的统一，是语文课程的基本特点，核心素养是学生通过课程学习逐步形成的正确价值观、必备品格和关键能力，是课程育人价值的集中体现。义务教育语文课程培养的核心素养，是学生在积极的语文实践活动中积累、建构并在真实的语言运用情境中表现出来的，是文化自信和语言运用、思维能力、审美创造的综合体现。

结合新课标提出的四大核心素养，深圳市宝安区教育研究院提出了宝安区语文教学主张，即发展语言思维的文化集成教学，进一步将"语言、思维、文化、审美"这四大语文核心素养汇集，指明了"语言、思维"与"文化、审美"两大板块之间的关系，前者是后者实现的路径。

在此理念的引领下，海裕小学语文科组以全面落实国家教育方针为出发点，以培养全面发展的人才为目标，以立德树人为宗旨，以汇集语言与思维、兼顾文化与审美为指导，提出"磁场语文"教学主张。

2.概念界定

（1）何为"磁场语文"？

现代物理学认为，场是物质存在的两种基本形态之一，存在于空间区域，例如引力场、磁场等。实物之间的相互作用是靠有关的场来实现的。"场"具有整体、系统、交互的特点。"磁场"一词，其意义不仅是传递实物间磁力作用的场，更借指有巨大吸引力的场所。

产生磁场的物质或材料是磁体。在语文课堂上，教师和学生即为"磁体"，老师、学生、教材这三个要素交互作用以实现教育意义。教师在准确地分析、把握教材的情感因素和语言训练要求的前提下，营造相关情境，借助信息交流，激发学生学习兴趣和动力。学生"读、写、听、说、思"五项基本能力得到充分锻炼，进入积极的学习状态。这就是语文课堂润物无声的过程，即磁化的过程。

语文教师、学生都是独立的"磁体"，我们强调语文课堂、语文教师对学生的吸引力，即强调教师应关注学生的兴趣，这是"课堂友好"的最大呈现。而学生对语文教师的吸引力，则意味着教师在课堂上应时刻关注学生，关注学情，关注课堂生成，实时调整语文课堂的"磁场"。

在"磁场语文"的视角下，每一个人都是激发思维、触动情感的参与者，都是文化信息的传播者和接受者，都是语文的潜在创造者和现实的实践者。语文课堂是教与学的立足点，课堂教学生成性资源就是课程的生命力。

（2）如何聚焦?

众所周知，磁体具有两极——磁性北极N、磁性南极S，被斩断后仍是N极、S极，单个磁极不能存在。这正如语文教学中"语言、思维"与"文化、审美"的密切关系。"语言、思维"和"文化、审美"指向语文素养的核心内容，在语文教学中的重要性不言而喻，是许多研究者深耕的研究领域。

叶圣陶认为，语文课的主要任务是训练思维，训练语言。[①]于漪认为，语文教学应以语言和思维训练为核心。[②]这些教育家意识到语文教学中"语言和思维训练"及"审美和文化修养"的重要性，这也成为当下语文教学研究的一大主线。

因此，我们将"语言、思维"和"文化、审美"当作磁体的两极，将语言和思维训练、审美和文化修养当作语文学习的双翼。语文教学的核心内容和主体任务就是语言的积淀运用、思维的发展提升、审美的熏陶培养、文化的潜移默化。语文教学育人目标（文化和审美的功能）是学会积累和正确运用祖国的语言文字，提升学生的思维能力。

我们力求通过这"两极"，建立起高度聚焦、共同循环、共图共进、融为一体的教学"磁场"。在语言与思维的交互中，实现文化与审美的熏陶。

3.磁化效应

"磁场语文"的终极目标是以磁化效应影响学生学习成果，提升学生语文素养。

---

① 朱永新.叶圣陶教育名篇选[M].北京：人民教育出版社，2014.

② 于漪.语文教学应以语言和思维训练为核心[J].课程·教材·教法，1994（6）：1-5.

面对当今语文课堂"少、慢、差、费"的现象，以及教学任务重、学生学习兴趣低的实际情况，海裕小学以"尚善教育"办学理念，通过学科教研，站稳课堂主阵地，建设"儿童友好数字化海洋生态学校"。"课堂友好"是"儿童友好"理念的重要内容，我们提出"磁场语文"教学主张，就是为了挖掘教育潜力，改变传统教育模式老师"教"、学生"学"的二元、单向、单层、方式单一的僵化格局，营造"课堂友好"氛围，构建高效课堂，促进学生全面发展。

语文课堂，应该是一个充满力与能量的"磁场"，是对学生有巨大吸引力的"磁场"。"磁场语文"是在落实语言与思维教学的基础上，实现文化传承和审美教育的课堂。

4.实现途径

我们提出的"磁场语文"扎根于语文课堂教学实践，根据教学内容与学段目标，彻底转变教师、学生、教材这三个要素的关系，推动语文教学工作迈上新的台阶。

（二）故事语文

1.课程背景

捷克教育家夸美纽斯在《大教学论》中提出，教学的主要目的是"寻求并找出一种教学的方法，使教员因此可以少教，但是学生可以多学"。[①]在新课程改革发轫之始，广东省教科所郭思乐教授率先在国内提出"生本课堂"理念，即"一切为了学生，高度尊重学生，全面依靠学生"。十几年来，国内一

---

① （捷克）夸美纽斯 . 大教学论 [M]. 北京：教育科学出版社，2014.

些学校围绕"生本课堂"理念开展相关研究，取得了一定成绩。知名教育家李振村认为，好的语文，一定要有好的故事。故事化的语文课堂，能够激发学生学习兴趣，提高语文课堂教学效率。[①]

到目前为止，对于如何利用故事资源构建小学语文生本课堂，尚无典型研究案例可资借鉴。下面我们结合教学工作实际，探究建设故事化的语文课堂的有效途径。

2.课程主题

课堂教学的理想形态是生本课堂，其特点是高效、健康和快乐。故事对于小学生来说，无疑是喜闻乐见的。因此，我们开展"利用故事资源构建小学语文生本课堂的实践研究"这一课题，有助于落实学生主体地位，使语文课堂成为尊重学生发展需要、为学生好学而设计、符合学习规律的课堂。

该课程研究有助于落实新课标要求，充分体现了"用故事点亮语文课堂，全面提高语文素养"这一新的理念。

3.课程目标

探索构建"故事语文，生本课堂"的方法和途径。

探索基于故事资源的语文学习方式。

探索故事语文促进学生成长的能动作用。

4.课程受众

参与课堂教学的教师和学生。

---

① 李振村.好的语文，一定要有好的故事[J].语文建设，2011（7）：12-13.

5.课程安排

搜集整理适合低段（1～2年级）儿童学习的故事资源，训练儿童听故事、说故事，激发学生爱语文、学语文的兴趣，培养学生的听说能力。

搜集整理适合中段（3～4年级）儿童学习的故事资源，训练儿童读故事、说故事、用故事，培养学生的阅读表达能力。

搜集整理适合高段（5～6年级）儿童学习的故事资源，训练儿童读故事、用故事、编故事，培养学生的读写能力。

6.课程内容

根据学生年龄特点，通过阅读课、微课程、阅读沙龙、亲子阅读等多样化的活动，把绘本故事、童话故事、神话故事、古诗故事融入日常教学工作。

低年段以绘本故事、童话故事为小专题，中年段以成语故事、神话故事为小专题，高年段以古诗故事、小说故事为小专题，进行教学设计。

7.课程实施

我们调查、了解实验班学生听故事、说故事、读故事、编故事、用故事的能力，找准教学切入点和实施方法。

组织教师查阅适合1～6年级学生分段阅读，有利于学生健康成长的故事书籍等资源。

分析调查结果，梳理故事资源，开展教学研究。

8.课程评价

我们根据课程特色从以下维度采集数据并进行评价：

每天课前三分钟"人人讲故事"。

每月以班级为单位组织故事分享大会。

每学期以年级为单位开展读故事、演故事、亲子故事分享活动。

根据学校的大型活动安排，每学年开展童话节、戏剧节等活动。

三、海裕小学英语教学主张

海裕小学确立"立足国家、面向国际、展望未来"的办学思想，以"尚善教育"为办学理念，致力于打造儿童友好数字化海洋生态学校，培养具有"人文底蕴、阳光身心、创新精神、协作意识、绿色理念、国际视野"六大"尚善基因"的尚善少年。

我们设计了多种趣味、创新、多元化的英语主题活动，让每个孩子轻松愉快地学习英语、应用英语，体验学习英语的快乐。在浓厚的英语学习氛围中，学生提高了听、说、读、写能力，树立了学习自信。让英语学习走进学生的生活，让孩子想说、敢说、能说、乐说。

我们以《义务教育英语课程标准》为指引，提出英语学科教学主张"音正达意，浸润融合"，教学理念"reflective（善于反思）、open-minded（胸襟开阔）、communicator（懂得交流）、knowledgeable（知识渊博）、balanced（全面发展）、thinker（勤于思考）"，基于单元整体进行教学设计。下面以一年级英语教学为例介绍教学过程。

教师根据教学目标，围绕激发兴趣、培养习惯、丰富经历、探究体验和表达交流等要求，设计学习活动。新课程标准提出了总目标、分级目标，根据学生心理特征，设计了"听听做做、说说唱唱、读读想想、玩玩演演"四类教学活动（见表2-6）。

表2-6 海裕小学四类英语教学活动表

内容		要求
听听做做	➤认真耐心的聆听习惯	集中注意力，安静听老师和同学说话，不随便插嘴
		每天听教材录音，跟读时模仿录音的语音语调
	➤善于观察的模仿习惯	认真听老师示范，仔细观察老师的口形变化
		听从老师指令，做出相应反应
		按照老师要求做事情，如指图、涂色、做动作等
说说唱唱	➤自然大方的说话习惯	大胆说英语，努力做到语音准确、语调自然
		说话说完整，基本做到不重复
		对自己、同伴、小组、全班说话时，音量依次由低到高
	➤基于韵律的吟唱习惯	说唱儿歌、歌曲时，努力做到语音准确、语调自然
		说唱儿歌、歌曲时，有韵律，吐字清晰
读读想想	➤准确流畅的朗读习惯	朗读英语时，尽量做到音量适中
		每天读英语教材，基本不跳读，不添词、不漏词
		朗读英语时，读音准确，语调自然
	➤乐于思考的阅读习惯	在老师的指导下阅读小对话，基本理解对话内容
		在老师的帮助下阅读小故事，尝试带着问题思考
玩玩演演	➤大胆尝试的运用习惯	在老师的指导下尽量用英语做游戏
		尽量用英语与老师、同学互相简单问候
	➤积极合作的参与习惯	用英语与同伴合作表演，逐步做到语音语调准确，表情自然
		乐于参与西式文化活动，逐步形成文化意识
		热情参与对子和小组活动，按要求与人合作完成任务

一年级英语知识点（见表2-7、2-8）：

听到词句识别或指认图片或实物；

听懂指令并做出相应动作；

听懂指令完成任务；

在日常生活中能用所学知识与人交流。

表2-7　一年级英语上册单元教学重点

模块	单元	重点知识点
Module1	Unit1	Words: good morning, good afternoon, hello, hi, goodbye
	Unit2	pencil, ruler, rubber, book
		Pattern: Give me a ____, please. Here you are. Thank you.
	Unit3	Words: face, mouth, nose, eye, ear
		Pattern: Touch your ____. This is my ____.
Module2	Unit4	Words: sing, dance, draw, read
		Pattern: What can you do? I can ____.
	Unit5	Words: mother, father, grandfather, grandmother
		Pattern: Who's she/he? He's/She's my ___.
	Unit6	Words: thin, fat, tall, short
		Pattern: He's/She's ____.
Module3	Unit7	Words: one, two, three, four, five, six
		Pattern: How many...?
	Unit8	Words: apple, pear, peach, orange
		Pattern: ____, please.
	Unit9	Words: hamburger, cake, pie, pizza
		Pattern: Can I help you? May I have ____, please?
Module4	Unit10	Words: chick, duck, cow, pig
		Pattern: What is it? It's ____.
	Unit11	Words: tiger, bear, monkey, panda
		Pattern: What is it? Is it a ____? Yes/No.
	Unit12	Words: red, yellow, green, blue
		Pattern: What colour is it? It's ___?

表2-8 一年级英语下册单元教学重点

模块	单元	重点知识点
Module1	Unit1	Words: frog, rabbit, bee, bird
		Pattern: What do you see? I see _____
	Unit2	Words: sheep, hen, dog, cat
		Pattern: What do you hear? I hear _____
	Unit3	Words: rice, soup, egg, noodles
		Pattern: Smell... / Taste...
Module2	Unit4	Words: ball, doll, bicycle, kite
		Pattern: I like...
	Unit5	Words: jelly, ice cream, sweet, biscuit
		Pattern: Do you like...? Yes/No
	Unit6	Words:cola, juice, milk, water
		Pattern: What do you like? I like...
Module3	Unit7	Words: spring, summer, autumn, winter
		Pattern: Spring/ Summer/ Autumn/ Winter is...
	Unit8	Words: sunny, cloudy, rainy, windy
		Pattern: How's the weather? It's _____
	Unit9	Words: T-shirt, dress, shorts, blouse
		Pattern: What do you need? I need...
Module4	Unit10	Words: ride, skip, play, fly
		Pattern: What can you do? I can...
	Unit11	Words: gift, card, firecracker, firework
		Pattern: Happy new year. _____ for you

到三年级结束时，在语音和拼读单词方面，要求学生能够规范掌握所学单词、词组和句型的读音；重视语音教学，学生只有发音标准，才能正确拼写单词并理解单词语义；通过在课堂上模仿朗读、教师纠正发音及课后朗读打卡等方式提高学生英语发音准确性。

在语用交际方面，能够在不同语境中正确使用所学句型和短语；尽可能掌握核心句型和短语的多种意义，在各种情境中灵活使用有限的英语词汇量与人交流；在习得语言的过程中学会思考问题，掌握一些解决问题的方法，养成良好的品格。

在语境方面，教师创设贴近生活的真实语境，让学生使用核心句型、词汇和词组回答问题，语境的创设必须和该年龄段学生的现实生活相关，让学生出了课堂能在实际中运用。

第四节 推进评价工作

中共中央、国务院印发的《深化新时代教育评价改革总体方案》指出：坚持科学有效，改进结果评价，强化过程评价，探索增值评价，健全综合评价。充分利用信息技术，提高教育评价的科学性、专业性、客观性。海裕小学六大尚善工程与"一、三、六、九"尚善精品活动，为学校活动设计提供了指导思路。在具体实践中，每项活动都是培养学生素养的重要途径。为了巩固教育成果，我们探索建立"儿童友好"视域下的教育评价生态，完善教育评价机制，为加快建设高质量教育体系赋能。

一、尚善人文节活动评价设计

（一）活动目的

读书使人明智，使人高尚。深圳市宝安区海裕小学以"尚善教育"为办学理念，以创新发展为动力，以高品质教育促进学生全面成长为目标，凝心聚力，打造具有人文底蕴、创新精神、协作意识、阳光心态、绿色理念和国际视野等特征的高品质学校。为了实践这一办学理念，深入实施素质教育，创建良好的校园文化，营造浓郁的读书氛围，学校举办2021—2022学年"海阅书香，诗意校园"尚善人文节，旨在激发师生读书的兴趣与热情，助力高效亲子阅读，在读书活动中沐浴文化的恩泽，接受传统的洗礼，享受阅读的快乐。

（二）活动宗旨

以海裕小学人文节系列活动为载体，营造"书声琅琅，诗香满校园"的阅读氛围，使读诗诵典真正成为每一位学生的自觉行动和生活需要。

积极倡导"终身阅读"思想，努力践行"和学生共成长"理念。教师在帮助学生养成良好读书习惯的同时，更应该以身示范，顺应新时代对人才培养的需要，以高度的社会责任感教书育人。

家校合力形成良好的读书风气，推行亲子阅读，建设阅读型班级、阅读型学校、阅读型家庭。

（三）活动口号

与书同行，收获满园书香。

读诗诵典，习美德、立良行。

与经典为友，为精神打底；与博览同行，为人生奠基。

（四）活动实施

1.加强组织

本次活动，由校长带头，发展中心统筹安排，各班主任和语文老师全面负责，全体师生和家长参与。

2.营造氛围

为了营造良好的读书氛围，我们在校园、教室醒目位置张贴人文节海报等物料，在班级图书角、阅读天地投放人文节读物等相关素材。

3.落实行动

（1）建设班级图书角。语文老师和班主任相互配合，协作建设本班图书角，根据阅读主题充实书柜，规范阅读制度，由读书委员做好记录。（只准适合学生阅读的书籍入柜）

（2）开展主题班会。各班开展"海阅书香，诗意校园"主题班会，让孩子们读诗诵典，爱上阅读，并知道如何选择适合自己的书籍。

（3）保证书籍充足。

学校为每位老师增购教学教育类书籍，鼓励教师陪伴学生一起读书，营造书香气息。

学校鼓励学生在图书角、藏书柜借阅书籍，各年级开展阅读漂流活动。

（4）保证诵读时间。

早读：学校开展"入班即读"活动，即学生到校后开始诵读经典。

课前：每班每天语文课前三分钟安排一名学生进行主题故事分享，人人听故事、读故事、讲故事。

午读：每周二、周四的中午午读，为全校阅读时间。

语文课堂：学生在学习知识的同时，在老师的指导下学会朗读、讲述、演讲。

课外时间：教师布置诗词背诵作业，学生在家诵读，鼓励亲子诵读。

（5）项目活动（见表2-9）。

教师在备课组活动中，诵读、讲解诗词。

每个班根据本班情况，每周开展诗词背诵比武。

举行"为你写诗"书法大赛，教师用粉笔、硬笔示范书写诗词；学生书写诗词，参加硬笔书法大赛。

全校举行"诗情海裕"展演。

表2-9　海裕小学尚善人文节活动项目表

项目	负责人
"磁场语文·诗意课堂"教研活动暨学科工作室揭牌	语文科组
教师语言才艺大赛，诵诗、讲诗	全体语文老师
学生诵诗、讲诗比赛	各班语文老师
"为你写诗"书法大赛	全体师生
"诗情海裕"展演	各班语文老师

（五）评价方法

诗词达人：每个班每个月评出一名诗词达人，颁发奖状。

书香家庭：每个班评出五个书香家庭，在班级表扬。

（六）活动总结

11月总结：才艺大赛、学生诵诗讲诗比赛、诗词达人评选、书法比赛颁奖。

学校微信公众号推送活动总结。

二、活力阳光节活动评价设计

（一）活动目的

为了进一步推动海裕小学体育文化的发展，丰富学生课余生活，使学生养成锻炼身体的良好习惯和终身体育的意识，我们设计了"运动逐梦强体魄，劳裕身心向未来"趣味主题活动。

（二）参赛单位

运动员以班为单位组队参加。

同年级为一组，同年级竞赛项目相同。

（三）活动安排

1.一年级、二年级

集体热身活动（由体育老师统一带领）包含体质测试坐位体前屈。

南菜北调：背着竹筐运输蔬菜，折返跑，途中蔬菜不可掉落。

春种秋收：跑过去的学生种小麦，回来的学生收小麦。

五谷丰登：推着独轮车运输蔬菜，折返跑，途中车不能倒、蔬菜不能掉。

2.三年级

集体热身活动（由体育老师负责），包含体质测试坐位体前屈。

50米接力：分6组进行50米接力赛。

1分钟跳绳：每10人为一组进行比赛。

1分钟仰卧起坐：每10人为一组进行比赛。

（四）活动要求

每班集体项目全员参与（生病或者不能参加剧烈运动的学生可不参加）。

运动员必须身穿运动服、运动鞋参加比赛。

表2-10　比赛场地及裁判员人数统计表

项目	地点	裁判人数
准备活动及坐位体前屈	主席台前跑道	裁判2人
南菜北调	操场草地	裁判4人
春种秋收	主席台对面跑道	裁判4人
五谷丰登	篮球场	裁判4人

续表

项目	地点	裁判人数
50米折返跑	主席台对面跑道	裁判6人
一分钟跳绳	篮球场	裁判10人
一分钟仰卧起坐	操场草地	裁判10人

（五）评价方法

对一年级、二年级各个项目进行评级，裁判员根据各班表现打分。

三年级单项活动各取男女前6名的成绩，如有相同成绩则并列取同名次，往后延续。

（六）评价内容

认真遵守和执行大会的各项规定，以积极的态度参加本届运动会。运动会前各班准备工作认真、充分、重视。（20分）

文明观赛，气氛活跃。（20分）

遵守赛场纪律，遵守比赛规则，尊重裁判、参赛对手及观众。（20分）

积极参赛，态度端正。不迟到，不早退。（20分）

在比赛期间没有运动员出现打架、不文明语言、不听裁判员指令等严重违纪问题。（20分）

三、魅力国际节活动评价设计

（一）活动目的

为了丰富校园文化生活，激发学生学习英语的兴趣，开拓学生的国际视野，营造乐教乐学的英语学习气氛，提高学生英语素养，我们以"Happy

English, Happy New Year"为主题开展魅力国际节元旦游园活动。

（二）活动宗旨

丰富海裕校园文化生活。

彰显海裕魅力英语特色。

培养海裕学生良好习惯。

提升学生英语能力素养。

（三）活动内容

1.英语歌曲课间铃声大放送（周一至周五下午课间）。

2.英语新年贺卡、新年愿望卡展示。

3.班级游园活动（分上下午两场）。

4.蓝丝带活动。

5.英语体育韵律操展示（班级常规课堂展示）。

6.班主任布置教室，营造新年氛围。

（四）活动安排

1.各班英语老师发布魅力国际节元旦游园活动项目安排，让学生了解活动规则。

2.各项目负责人组织人员布置好游园活动的场地，将活动规则张贴在场地醒目位置（见图2-11）。

3.各项目负责人提前培训家长义工。

4.家长义工在活动区域设置兑奖处，学生凭参加活动获得的印章兑换游园礼物。

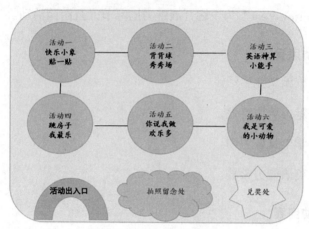

图2-11 活动场地安排图

（五）主要流程

1.班主任及协助老师带领学生到达指定的活动区。

2.班主任及协助老师组织学生到指定区域参加游园活动，活动期间老师不得离开所在年级活动区域。

3.家长义工指引学生有序兑换奖品并在合照区域拍照留念。

4.活动结束，班主任及当堂课老师指引学生有序回到班级。

（六）评价方法

海裕小学魅力国际节元旦游园活动评价方法如表2-11、图2-12所示。

表2-11 元旦游园活动评价设计表

活动	家长义工	采购材料	评价设计
活动一 快乐小象·贴一贴	2名	印章、卡纸	学习小象原地转两圈。 走到规定地点贴上五官并说一说: This is my nose/mouth/ear/face/eye. 完成即可得到印章一枚。

续表

活动	家长义工	采购材料	评价设计
活动二 背背球·秀秀场	2名	印章、球	两人合作后背中间夹一只球,两人侧身向前走,站在起跑线上,听到口令后开始走到参赛区,如中途掉球则回到起点,重新再来。 到达参赛区后,两人共同表演课本英文歌曲1首。 表演时,语音语调自然流畅、动作得体大方,可获得印章一枚。
活动三 英语神算小能手	2名	印章、数字卡片和图片、抽奖小纸箱	通过抽数字卡片和图片的方式进行对话: May I have...please? Here you are. Thank you. 完成即可得到印章一枚。
活动四 跳房子·我最乐	1名	装有单词卡的抽奖箱、印章	1.小朋友跳房子跳到参赛区。 2.读5个单词卡。 全对的小朋友可获得印章一枚。
活动五 你说我做欢乐多	2名	印章	两人合作,一个人做动作,另外一个人猜单词。并用句子说: I can read/sing/dance/draw... 完成即可得到印章一枚。
活动六 我是可爱的小动物	2名	印章、卡通动物头套	抽签并扮演可爱的小动物,用句子说: Hello, I am...I can... 完成即可得到印章一枚。
奖品兑换	1名		协助孩子兑换奖品。

图2-12 元旦游园闯关小游戏

四、绿色生态节活动评价设计

（一）活动目的

结合我校"尚善教育"办学理念、建设儿童友好型数字化海洋生态学校的办学愿景，我们以尚善六大节之绿色生态节为载体，镌刻六大尚善基因之"绿色理念"，同时通过"儿童优先，儿童参与，儿童平等"的儿童议事会制度推动全体学生提升"爱护中华白海豚，保护海洋生态环境"的环保意识，特举行"保护中华白海豚，共享蓝色星球"——第二届绿色生态节，为每年农历三月二十三日的"中华白海豚保护宣传日"预热。

（二）活动宗旨

1.活动育人

我们秉承学校尚善基因之"绿色理念"，开展绿色生态节系列活动，培养学生核心素养。

2.课程育人

我们设计了"认识中华白海豚"红星闪闪微课程、"中华白海豚"故事语文微课程、"中华白海豚"科普微课、"中华白海豚"海裕吉祥物设计美育微课、中华白海豚名片设计微课及知识竞赛等活动，提升学生对中华白海豚的了解。学生理解了保护海洋生态环境的重要性，明白了人与自然需和谐相处、同栖共存。

3.实践育人

通过参加吉祥物设计、科普宣讲等活动，学生增强了主人翁意识，也为学校文化建设贡献出自己的力量，体现出学校"儿童优先、儿童参与、儿童平等"的儿童友好校园理念。

4.环境育人

设计并使用吉祥物及周边产品，如微信及钉钉表情、办公便签、印章、海洋币等，优化校园硬件、软件设施，宣传吉祥物的文化内涵，培养全校师生文化认同感。

（三）活动时间

活动时间为第4周至第8周。

（四）活动内容

1.绿色生态节开幕式

内容：活动介绍，中华白海豚初认识。

时间：第4周升旗仪式。

2.美育课程

内容：中华白海豚吉祥物设计。

时间：第5周美术课。

3.吉祥物设计稿海选

推文内容：介绍中华白海豚作为海裕吉祥物的缘起，同时推出美育课程，发布吉祥物设计稿海选规则。

推出时间：第5周。

截稿时间：第6周周三。

初选阶段：各班选出前3名作品，第6周周五，由语文科组、综合一、成长中心、发展中心、儿童议事会共同组成评审组，参与吉祥物设计稿评选。

终选阶段：第6周周六通过推文发布吉祥物海选投票，选出最佳设计奖、最佳命名奖。

4.科普课程

课程内容：了解中华白海豚生存环境，了解该物种曾濒临灭绝但近年来出现较为频繁的原因。

推出时间：第4周科学课，全校。

负责科组：数学备课组。

同期发布并收集中华白海豚名片设计思维导图。

5.人文课程

课程内容：与中华白海豚有关的故事语文微课程。

推出时间：第4周，学校公众号。

负责科组：语文备课组。

6.知识竞赛

内容：中华白海豚宣传大使竞赛。

知识预热：提供中华白海豚相关资料供学生使用。

竞赛时间：第6周班会课。

7.课题探究

儿童代表：第4周选拔儿童代表。

辅导人员：教师3名、家长代表3名。

课题探究：在第4周和第5周，每名辅导人员各带领一个学生小组，探究"中华白海豚分布及生存现状调查""中华白海豚的保护措施与建议""中华白海豚的生活环境要求""深圳针对中华白海豚保护做了什么""小学生能为保护中华白海豚做出哪些努力"等课题并撰写调研报告。

专家评审：第7周选拔专家代表，专家聆听课题报告，有针对性地提出建议。

8.文创海裕

推出吉祥物及周边产品。

制作吉祥物主题表情包、办公便签、印章、奖章、校园标识等等。

（五）活动落幕

绿色生态节闭幕式、海裕小学吉祥物发布会。

活动时间：周一升旗仪式。

活动内容：绿色生态节活动回顾、海裕小学吉祥物发布会、儿童议事会代表议案发布会（见表2-12）。

表2-12 绿色生态节活动流程表

周次	项目	负责人
第3周	方案拟定	成长中心
	中华白海豚吉祥物文化内涵	发展中心、成长中心、备课组长
	中华白海豚知识清单	成长中心
第4周	绿色生态节开幕式及活动介绍，中华白海豚初认识	—
	故事语文微课程	语文备课组
	中华白海豚科普微课、中华白海豚名片设计	数学备课组
	选举儿童议事会班级代表	班主任
第5周	"中华白海豚"海裕吉祥物设计美育微课	综合一备课组
	吉祥物海选推文	成长中心、宣传组
	儿童议事会辅导员、学生代表微课题调研	辅导人员
第6周	中华白海豚知识大比拼	成长中心、班主任
	吉祥物海选截稿	成长中心、班主任
	吉祥物初选	评审组
	吉祥物投票推文	成长中心、宣传组
第7周	世界地球日暨绿色生态节过程报道	—
	儿童议事会代表议案评选	—
	文创海裕周边设计	—
第8周	中华白海豚保护宣传日暨绿色生态节闭幕式	成长中心

五、慧炫科创节活动评价设计

（一）活动目的

以"人人参与、经历过程、快乐体验"为目的，通过数学及科学活动进一步激发学生的求知欲和学习的热情，启迪学生的数学思维，展示学生的聪明智慧。学生在参与活动中得到锻炼，使数学爱好者能一显身手，让全体学生享受科技的快乐；努力使学生感受到童年是生动活泼、富有生机、快乐有趣的。

我们以"创想进行时，数学大π对"为主题开展慧炫科创节，培养学生"勇于探索、敢于创新"的精神，提高学生科技素质，让学生充分体验学习、创造、动手、动脑的乐趣。

（二）活动对象

一、二年级学生。

（三）活动时间

慧炫科创节活动时间为2022年5月5日—31日，具体项目如表2-13、2-14所示。

表2-13 慧炫科创节·数学活动设计表

活动时间	活动项目	活动场地	备注
5月6日（初赛）	科创基因能力评价	各班教室	年级组老师互相定题、审题
5月7日（布展）	我是思维小画家	各班教室	五一假期完成展品制作
5月10日（决赛）	我是速算小明星	一楼中心广场	年级组老师互相定题、审题

续表

活动时间	活动项目	活动场地	备注
5月12日（初赛） 5月18日（决赛）	我是数独小能手	初赛：各班教室 决赛：一楼中心广场	年级组老师互相定题、审题
5月24日（各班自主时间初赛） 5月27日（年级决赛）	我是天才小讲师	初赛：各班教室 决赛：五楼架空层	年级组老师互相定题、审题

表2-14　慧炫科创节·科学活动设计表

活动时间	活动项目	体验场地	备注
5月16日至 5月20日科学课	机器人跳舞	一楼架空层	由科学老师负责
	意念飞行		
	机器人扎气球		
	3D打印笔		

（四）活动内容

1.科创基因能力评价

14：05—14：09，午读课教师组织学生拉开桌椅，单人单桌。

进行评价前教育，强调评价纪律。

评价时间为14：10—14：30。

一年级需要读题，读一题写一题；二年级不需要读题。

教师注意检查学生是否写好姓名、班级。

收取评价卷时注意不要弄反，正面朝上；清点评价卷数量，无误后交给该班数学老师。

评价人员：全体数学老师（同一年级老师交叉评价），每班评选出8名同学参加"我是速算小明星"决赛。

2.我是速算小明星

参加决赛的同学以班级为单位，于决赛当天14：00到一楼中心广场，负责老师组织学生单人单桌进行比赛。进行赛前教育，强调赛风赛纪。

比赛时间为14：10—14：30。

一年级需要读题，读一题写一题；二年级不需要读题。

教师注意检查学生是否写好姓名、班级。

收试卷时注意不要弄反，正面朝上；清点试卷数量，无误后交给现场负责的数学老师。

评价人员：项目负责人。

3.我是数独小能手

14：05—14：09，午读课教师组织学生拉开桌椅，单人单桌。进行赛前教育，强调赛风赛纪。

比赛时间为14：10—14：30。

教师注意检查学生是否写好姓名、班级。

收试卷时注意不要弄反，正面朝上；清点试卷数量，无误后交给现场负责的数学老师。

评价人员：全体数学老师（同一年级老师交叉评价），每班评选出8名同学参加"我是数独小能手"决赛。

参加决赛的同学以班级为单位，于决赛当天14：00到一楼中心广场，负责老师组织学生单人单桌进行比赛。进行赛前教育，强调赛风赛纪。比赛时间为14：10—14：30。

4.我是天才小讲师

参赛者在决赛当天以班级为单位轮流到五楼架空层候赛。

讲什么？现场3选1抽选讲题进行讲解。

怎么讲？讲题意，讲思路，讲解法。先出示题目，分析题意后再讲解。可以借助PPT、小黑板、学具，用画一画、写一写、做一做等方法呈现。可根据讲题内容的特点及需要，创造性、多元化地表达。要求在3分钟内讲完一题。

讲成什么样？语言清晰、简洁、流畅；仪态自信、大方；讲题思路明确；板书规范、清楚，比例大小适中；讲题视频的配音要求清晰，没有噪声；讲解过程中，不要添加背景音乐。

初赛：各班数学老师通过家校本发起讲题邀请函，在班级内竞选，取前3名。

决赛：各班初赛前3名学生参加年级决赛。

（五）评价方法

慧炫科创节所有活动项目都发放科创纪念币，参与或赢得比赛即可获得。

纪念币获取规则如下：

每参与一项活动就能获得一枚该项目纪念铜币；

通过初赛评选出参与决赛的同学，就能获得一枚该项目纪念银币；

参与决赛获胜的同学就能获得一枚该项目纪念金币；

积极参与各项数学活动及科学体验项目，就能获得一枚积极参与纪念蓝币。

项目纪念币：我是速算小明星（金、银、铜）、我是数独小能手（金、银、铜）、我是天才小讲师（金、银、铜）、我是慧炫少年（积极参与即可获得蓝币）。

六、海洋缤纷节活动评价设计

（一）活动目的

本次海洋缤纷节以"'童'行成长路，'艺'起向未来"为主题。活动的项目和内容要紧紧围绕主题，全面展现新时代少年学生热爱中国共产党、热爱祖国、热爱人民，树立远大志向、培育美好心灵，勤学上进、志存高远、奋发成长的昂扬风采。活动由深圳市宝安区海裕小学、深圳市宝安区妇女联合会联合主办，海裕小学大美育项目组承办。

（二）活动时间

2022年5月31日—6月30日。

（三）活动内容

1.海洋缤纷节开幕式及文艺汇演。

2.缤纷草地歌唱比赛。

3.缤纷艺术知识竞赛。

4.高雅艺术赏析（每天上午第三节课间、下午第三节课间欣赏世界名曲）。

5.儿童友好课间舞（《暖暖的你》《小白马》）。

6.音乐、美术绘本故事赏析（每周二、四午读）。

7.文创美术作品。

8.艺术知识长廊。

9.学生艺术作品长廊。

10.中外名作品长廊。

11.缤纷歌声伴我行。

12.大美育展示活动暨缤纷节闭幕式颁奖仪式，吉祥物推出。

（四）活动要求

各部门及各科组要高度重视本次缤纷节活动，可采取集中或分散等多种形式开展校内缤纷节活动，各班要认真组织积极发动，营造格调高雅、充满朝气的校园文化环境，整合相关资源，增强活动实效。制定活动方案和安全预案。

要抓住缤纷节活动的契机，营造格调高雅、充满朝气的校园文化环境，坚持勤俭节约原则，力戒形式主义。

要制定缤纷节各项活动实施办法，坚持客观、公平、公正、公开的原则，保证活动的公正性。

要加强宣传，依托媒体以及微博、微信等平台载体，广泛宣传报道展演活动的特色和亮点，营造全社会共同促进学校美育发展的良好社会氛围。

（五）活动安排

1.开幕式及文艺汇演

【时间安排】

5月31日下午3：00开始，预计1小时，节目如表2-15所示。

表2-15 海洋缤纷节演出节目单

演出班级	节目	节目负责人
一（1）班	手语歌舞《国家》	
一（2）班	歌舞《我有一个梦想》	
一（3）班	歌舞《爸爸去哪儿》	
一（4）班	课本剧《动物王国开大会》	
一（5）班	尤克里里弹唱《幸福拍手歌》	
一（6）班	表演唱《Do Re Mi》	
二（1）班	配乐朗诵《我的南方和北方》	各班班主任及音乐老师
二（2）班	课本剧《揠苗助长》	
二（3）班	朗诵+合唱《没有祖国哪里会有我》	
二（4）班	歌舞《大梦想家》	
二（5）班	集体舞《小白马》	
二（6）班	尤克里里弹唱《多年以前》	

【开幕式】

分会场：海裕小学各班级。

观演人员：活动现场负责人、各班主任、副班主任（艺术科组老师除外）、各班学生。

主会场：海裕小学6楼会议室。

观演人员：艺术科组老师、家委会代表（6人）、学生代表（6人）。

【活动宣传】

5月31日前撰写、编辑公众号文章，6月1日当天推送。

【奖项评选】

各班节目视频在公众号中推送，并进行投票，投票时间为6月1日至6月28日，根据投票选出最具人气奖前4名；学校评委组评选出最佳风采奖4名、最具特色奖4名。

在海洋缤纷节闭幕式上，为获奖人员颁奖。

2.小歌手缤纷秀

【参赛人员】

各班推选一个节目代表。

【比赛时间】

比赛时间为6月22日。

一年级：16：25—17：05。

二年级：17：15—18：00。

【比赛地点】

一楼展厅。

【比赛流程】

介绍比赛评委。

各选手按抽签顺序进行比赛。

公布比赛结果。

【比赛形式】

独唱/弹唱/表演唱（3～5分钟）。

【奖项设置】

特等奖：每个年级各1名。

一等奖：每个年级各2名。

二等奖：每个年级各3名。

【评分标准】

表演内容健康、积极向上，30分。

音准好、有乐感，表演作品处理得当，20分。

服装整洁、干净，20分。

演唱形式多样，有一定的创意，20分。

台风良好，动作规范，自然大方，10分。

注：取所有评委总分的平均分为最终结果。

3.艺术知识竞赛

【竞赛形式】

钉钉、微信小管家推送竞赛卷。

【竞赛时间】

6月8日发布，6月12日截止。

【评选办法】

在海洋缤纷节闭幕式上为满分学生颁发奖状。

【竞赛题目】

由相关教师出题。

共10道选择题，每题10分，满分100分。

4.故事赏析及课间友好舞

音乐、美术绘本故事赏析（每周二、四午读）。

儿童课间友好舞。每天下午第一节课课间，在走廊做完爱眼体操之后，跳儿童友好舞。音乐：《小白马》《暖暖的你》。

艺术歌曲赏析。选择一二年级音乐课本中赏析歌曲。

5.儿童议事会

为体现"儿童优先、儿童平等、儿童参与"理念,我们开展了儿童议事会活动,在交流过程中倾听儿童的声音,锻炼儿童的语言能力、思考能力、自我管理能力、团队合作能力、人际交往能力等等。

本次议事主题为"我最喜爱的校园",精选两个小主题"我最喜爱的操场""我最喜爱的校园吉祥物"。他们讲述自己喜欢怎样的校园、操场、吉祥物,为学校建设建言献策。

【活动筹备】

每班推荐3名学生,共招募18名学生。

辅导教师四位,负责搜集资料、组织学生交流、帮助学生做记录、选择学生展示。

可邀请几名嘉宾参会。

学生提前准备议题素材,带着素材参会。

【活动流程】

副校长为儿童议事会、嘉宾做介绍,热身活动,5分钟。

分组交流,教师和嘉宾倾听、指导学生,30分钟。

分组展示,20分钟。

嘉宾点评、副校长总结,10分钟。

议事会资深专家面向教师的讲座《我是真正的小主人》,80分钟。

【其他事项】

制作名牌。

制作两张宣传海报立于展示屏两侧,用于介绍儿童议事会等。

会场桌椅摆放。

学生手举牌：

我为同学代言。

尚善少年，敢想敢言。

有想法，说出来。

有创意，秀出来。

听儿童声音，展儿童智慧。

我是最闪亮的星。

儿童友好，海裕美好。

做一名有奇思妙想的儿童。

第三章　案例

第一节　评价与课程开发

为了全面推进"135至善课程体系"建设，海裕小学创造了一个跨学科、无边界的"育人场"，搭建让学生自我展示、自主发展的学习平台，助其形成"尚善乐学"的品格。通过积极开发特色校本课程，学校为学生提供了丰富多彩的学习活动，也为对学生进行综合评价提供了必要条件。学校也充分发挥教师信息技术应用能力，打造了校本课程云平台——海裕小学尚善云学堂。

海裕小学建设尚善云学堂是主动迎接未来教育新时代的创新之举。学校结合"尚善教育"理念，以信息技术为支撑，打破传统学校有形边界和物理空间，建设泛在的、沉浸式的智能教育环境，打造学生学习共同体、教师发展共同体、教学资源共建共享的共同体，融合各级各类校本优质教育资源；以培养学生形成六大尚善基因为目标，开设全学科、多元化、深度融合的"云朵朵"主题式课程，搭建共享平台，探索面向智能时代的个性化教学方式和人才培养新路径（见表3-1）。

尚善云学堂一直秉持"泛在学习"的理念，致力建设成未来教育变革的"实验校"，基础教育优质均衡发展的"样板校"，培养时代新人的"标杆校"，教师协同创新发展的"先锋校"，最终成为中国特色社会主义先行示范未来学校。

截至目前，尚善云学堂对外发布课程86节、对内发布课程300余节；学校微信公众号总阅读30000余次、分享1500余次。这一系列课程得到了上级领导、家长、学生的大力肯定。

表3-1 尚善云学堂"云朵朵"主题式课程策划案

课程主题：我与海洋　　　　授课人：廖珊珊

微课名	郑和航海	学科	语文	基因	人文基因
课程目标	1.了解郑和航海历史。 2.普及航海历史知识，增强学生民族自信心和自豪感。 3.开展海洋主题阅读和写作。				
主题教学情境	以绘本《郑和航海》为主线，设置读中思考和读后讨论环节，延伸创意写作场景。				
学科核心素养	以读导写，以写促读，读写结合。				
教学重难点	重点：理解《郑和航海》故事内容。 难点：理解故事主旨，学会带着思考去阅读。				
教学过程	阅读《郑和航海》，结合绘本空白发挥想象。 介绍故事主旨，以及郑和下西洋的文化意义、历史价值。 推荐阅读中国海洋梦系列绘本。 指导海洋主题创意阅读和写作。				
开放性活动（探究性活动）	以"我和海洋"为主题创编故事。				
过程指导方法	在尚善云学堂上分享视频，教师点评指导。				
评价方法	形成性：设置分享和作业上交渠道，老师进行评价指导。 总结性：故事创编升级为绘本展示。				
人员分工	各班语文老师				

课程主题：我与海洋　　　　授课人：缪媛媛

微课名	绘本制作	学科	美术	基因	阳光基因
课程目标	了解绘本的基本结构。 能根据自己的海洋故事自创绘本。 巩固本学年所学：构图大小、涂色规范、基本的折纸运用。				

续表

微课名	绘本制作	学科	美术	基因	阳光基因
主题教学情境	根据学生的"我与海洋"小故事，自创一本海洋绘本。				
学科核心素养	图像识读、美术表现、创意实践。				
教学重难点	重点：自制"我与海洋"的绘本故事。 难点：画出想象的海洋场景。				
教学过程	认识绘本。 了解绘本的特点。 欣赏同伴自创的绘本故事。 学习绘本的制作方法。 了解制作绘本的注意事项。 获得制作绘本的方法与指引。				
开放性活动 （探究性活动）	以"我与海洋"小故事创编绘本。				
过程指导方法	通过尚善云分享进行作品分享，教师点评指导。				
评价方法	形成性：同学作品分享上传，老师进行评价指导。 总结性：开学初挑选优秀的绘本进行展示。				
人员分工	美术老师				

第二节　评价与教学案例

读不完的草原梦，读不尽的家国情
——磁场语文之《敕勒歌》教学设计

海裕小学　廖珊珊

【教学目标】

朗读诗句，说出想象的画面，体会诗句中蕴含的对草原的赞美与热爱，做到当堂背诵，学会书写"苍"等生字。

拓展祖国风光的诗词，引导想象表达，鼓励当堂背诵与积累，深化学生对祖国的热爱。

【教学重难点】

重点：诵读和背诵《敕勒歌》，感受诗歌里的草原梦、家国情。

难点：引导学生想象和表达诗句描绘的画面。

【教学用具】

多媒体课件。

【教学过程】

一、激趣想象，畅聊草原生活

（一）文字铺垫，自读入境

配乐出示老舍《草原》文字片段，引导学生自由读，学习不懂的字。

> 在天底下，一碧千里，而并不茫茫。四面都有小丘，平地是绿的，小丘也是绿的。羊群一会儿上了小丘，一会儿又下来，走在哪里都像给无边的绿毯绣上了白色的大花。

（二）展示图片，提问激趣

提问：如果有机会去草原，我们可以在草原上看什么，做什么？

齐读引出课题《敕勒歌》。

二、个性诵读，漫说草原想象

（一）个性诵读，自主评价

请学生以自己喜欢的方式或者风格来读读这首《敕勒歌》，并说说自己这么读的理由。（个别指读，全班齐读）

（二）圈画景物，想象绘景

随堂评价：老师从你们的朗读中听到了快乐，听到了悠闲，听到了自由的感觉。看来，是《敕勒歌》里描述的美景打动了我们。下面，请学生从这首诗，试着圈出诗歌里的景物。（学生圈画，汇报）下面，请自由选择你感兴趣的一句读出来，说说从这句诗中仿佛看到了什么，听到了什么。

预设：

1. "天似穹庐，笼盖四野"：似，好像；笼盖，笼罩。结合"穹庐"甲骨文字形和汉字象形字特点相机解释穹庐，品出天地相连的画面感。

2. "天苍苍，野茫茫"：引导学生说出看到的天和地无边无际的样子。

3.配图拓展古诗中的叠词。"苍苍""茫茫"这样的叠词，在古诗中还有很多。当诗人看到荷叶特别茂盛、特别绿的时候，会吟诵——（课件出示荷叶图，出示：江南可采莲，莲叶何田田）

当白居易在草原上送别朋友，看到草原上的小草茂盛生长时，会感慨——（课件出示草原图，出示：离离原上草，一岁一枯荣）

而当敕勒族人看到蓝蓝的天空，以及奔驰在一望无际的大草原上的牛羊时，会歌唱——（课件出示蓝天草原图，出示：天苍苍，野茫茫，风吹草低见牛羊）

4. "风吹草低见牛羊"：（引导想象）在茂盛的草丛里，牛和羊在做些什么呢？发挥想象力，用上"有的……有的……还有的……"说一说吧。

呈现美文，深度感受。呈现《敕勒歌》想象美文，感情带读。

小结：同学们，这么美的草原，这么美好安宁的生活，你们喜欢吗？带着这份幸福和美好，我们再来读读这首诗。《敕勒歌》，以短短二十七字，为我们勾勒了这一个让人向往的草原梦。（板书：草原梦）

三、故事沉浸，感悟草原情感

（一）故事联想，感悟情感

在草原上，曾经发生了这么个故事。相传一千多年前，南北朝时期，在内蒙古大草原上，有一位皇帝带兵打仗，因为长期征战，战士们都累了，想家了，接连打了败仗，怎么办呢？皇帝想了个办法，举行了一个露天的大宴会，命令大将军斛律金高歌敕勒歌。同学们，你们猜，战士们听了《敕勒歌》，会有什么样的反应呢？

相机引导：士兵们从诗歌中看到了美丽宽广的家乡山水，看到了家乡人民的幸福生活，又仿佛听到了牧羊娃放羊时的哨音，听到了大风吹过碧草低头时的呼呼风声……一种爱国情感此时便油然而生，所以士兵们低落的情绪一下子便振作起来，最后反败为胜。（板书：家国情）

（二）以诗证情，慷慨背诵

元代大诗人元好问曾赞赏《敕勒歌》：（齐读）慷慨歌谣绝不传，穹庐一曲本天然。中州万古英雄气，也到阴山敕勒川。《敕勒歌》里，不仅唱出了草原的美丽，更唱出了慷慨豪迈的英雄气概，唱出了深厚的家国情怀。（齐背诗歌）

四、诗语漫步，深化爱国情怀

（一）以诗为引，以诗入景

毛泽东说"江山如此多娇"。在诗歌的世界里，不仅有辽阔的大草原，还藏着一个美丽的中国。呈现诗句：

①两岸猿声啼不住，轻舟已过万重山。

②日出江花红胜火，春来江水绿如蓝。

③北国风光，千里冰封，万里雪飘。

④飞流直下三千尺，疑是银河落九天。

（二）背诗挑战，随堂积累

上面四句诗选自四首诗，有没有谁能背出其中的一整首？（指生答）出示：《早发白帝城》《忆江南》《沁园春·雪（节选）》《望庐山瀑布》。请学生自由读背，给五分钟时间，进行背诗挑战。

（三）创设情境，激趣表达

想游览诗里讲的风景吗？下面带来一个小导游挑战赛，邀请大家一起来参赛。请看任务：

任务一：懂地理的导游才是好导游。根据诗歌描述的风景，找到对应的地理位置，并说明你的理由。

学生回答问题，教师相机出示图片。

①两岸猿声啼不住，轻舟已过万重山。（长江三峡）

②日出江花红胜火，春来江水绿如蓝。（江南水乡）

③北国风光，千里冰封，万里雪飘。（陕北高原）

④飞流直下三千尺，疑是银河落九天（庐山瀑布）

任务二：口才好的导游才是好导游。

小组合作表达：选择一首你喜欢的诗，试着用想象力打开你的眼睛、耳朵，嗅觉，向游客介绍诗歌中的风景。

温馨提示：可以选取诗歌中的景物自由想象。

出示介绍示例：大漠孤烟直，长河落日圆。（西北大漠）

"欢迎来到西北大沙漠！在这里，你们可以看到金黄金黄的沙漠，长长的河流，还有又红又圆的太阳正在落山，还能听到声声驼铃，这么美的风景千万别错过！"

出示介绍框架："欢迎来到……！在这里，你们可以看到……，听到……，这么美的风景千万别错过！"

学生讨论、推荐，让学生看着图片和诗句介绍风景，齐读。

（四）对联共创，总结课堂

在这节课上，我们不仅学习了《敕勒歌》，还在神奇的诗词世界里畅游祖国大好河山，我们一起创作一副对子总结这堂课。

唱敕勒歌谣，重游草原美梦；

读中华诗词，欣赏（祖国风光、大好河山……）

书写指导：苍（学生写字，点评）

结束：以一曲家国诗情，绘心中如画江山。同学们下课后收集一些自己喜欢的有关祖国风光的诗词，下一节课请同学们分享介绍。下课！

【板书设计】

敕勒歌

苍苍　茫茫　　　　　草原梦

草低　见牛羊　　　　家国情

【教学反思】

下面，我来说说对这次《敕勒歌》教学的反思。

一、设计反思

首先，《敕勒歌》是一首著名的南北朝民歌，这是一首与草原高度关联的诗，谈起草原，人们自然而然就会联想到这首诗。因为这首诗以十分天然本色的语言来描绘草原，却能呈现出浓郁的诗意和如画的境界，读起来琅琅上口，入心入脑。二年级的学生也极容易熟背，也容易觉得这首诗好理解。但是这首诗，不仅仅只是一首写景诗，它不仅有"天然"本色，更有"英雄气概"，它不仅仅是描绘了一个草原梦，它还潜藏着深沉的家国情。如何把这首看似浅显的诗歌让学生读出味道，品出深意，悟出境界，让学生在学习诗的过程中有丰富的体验，这是我思考的一个出发点。

其次，这首诗选自第七单元，本单元的主题是"想象"，教学重点是："展开想象，获得初步的情感体验"，要让孩子体会到课文的想象之美。因此，本课的教学目标定为根据诗句想象画面，以"想象"作为贯穿全课的语言训练要素，初步引导孩子用自己的话来表达出他想象的画面。

在《敕勒歌》的教学基础上，我拓展了祖国风光的诗词。拓展的目的有两方面，一是继续强化根据诗句进行想象表达这一训练点；二是让孩子有个意识，诗词里藏着祖国的大好河山，它不仅仅是要用于背诵的文字，它也是中国地图上存在的地方，它有许许多多美丽的风光值得去涉猎，让学生对描绘祖国风光的古诗词有更多探究兴趣，从而上升到对祖国的热爱。同时，这也是想打通课内和课外的连接，打通语文与生活的连接，让学生从语文走向生活，让语文浸润生活。

二、教学流程反思

下面我对流程上的一些设计做一些说明。整个学习过程分为四个部分：

一是激趣想象，畅聊草原生活。开头用音乐、老舍的文字和图片营造氛围，以一种娓娓道来的闲聊感，在与孩子的互动交流中激发孩子们对草原的兴趣和向往。

二是个性诵读，漫说草原想象。首先，在这个环节注重的是学生诵读的体验和递进，因为孩子都会背这首诗，因此，让孩子读出这首诗的味道，通过读来表达对这首诗的理解，来作为一个学习环节。其次，以自主选择句子说画面的形式，尊重孩子的学习自主性，鼓励孩子个性表达的基础上渗透想象说话。并且无论是读还是想象说话，都注重了诗歌的整体呈现，保证了诗歌的整体性。

三是故事沉浸，感悟草原情感。故事，简直是打通语文与低年级儿童心灵壁垒的利器。孩子都爱听故事。通过对故事的结局进行悬念设问，进一步激发孩子对《敕勒歌》蕴含的家国情怀的感知，让课堂的主题做一个升华。前三个环节，从第一环节的草原生活——关注诗中物，眼前景，到第二环节的草原想象——关注言外物，心中景，到第三环节的草原情感——体会弦外音，心中情，以期实现环环相扣，层层递进的效果。

四是诗语漫步，深化爱国情怀。这部分既是语言积累的拓展，也是能力训练的拓展，更是一种文化上的拓展。本环节尽可能选取了孩子能够读懂的四句诗句，并且呈现南北差异。以小导游挑战赛的情境场，激发学生兴趣，强化孩子根据诗句进行想象表达的能力。最后的简单对子，引导孩子对整堂课进行一个思考，播下一颗思想种子，鼓励同学们多读诗词，在诗词里感悟祖国的江山情怀。最后识字教学是作为低年级写字基础教学的一个补充。

三、改进方向

本堂课可以改进的方向是，可以适当减少讲解分析的部分，例如叠词的讲解可以忽略，让孩子诵读品味即可。多增加背诵积累的时间和环节，在写字教学里，补充笔顺教学，更能夯实学生的基础，也更符合低年段学生的学习需要。

深度理解方法多维提升量感
——"长方形周长"教学设计与反思

海裕小学　罗礼红

【课前思考】

长方形是特殊的平面图形，长方形的一个重要特征是对边相等。正方形是特殊的长方形。本课重点探索长方形周长的计算方法，也是第一次接触图形的周长公式。

教学设计注重几个方面：

重理解：教学中合理把握多种方法与特殊方法之间的关系，让学生感受方法多样化，同时又能对公式的方法有着重的认识，有利于为后续学习其他图形的长度、面积公式打下基础。

重探究：教学时设计学生活动，让学生真正理解长方形周长的实际含义，能灵活地运用周长的计算方法解决问题，不仅仅将目标定位在长方形周长计算方法的总结和掌握。

重应用：让学生思考生活中有不少和长方形周长有关的问题，提高分析问题、解决问题的能力。

基于以上思考，我将本节课的教学内容按照"思考引入、建立模型、智趣分享、归纳提升"等环节，引导学生在生动具体的观察、操作、交流等活动中，采取自主探究与全班合作交流的方式，进一步加深对长方形周长实际意义的理解，充分展示长方形周长计算方法的思考和探索过程，淡化周长算法的总结、归纳和记忆，激发学生思考的兴趣和探索的热情。

学生对周长的量感体现在能辨识求周长需要测量哪些数据、如何灵活计算周长、在实际情境中灵活应用周长，并感受相同的周长下图形的形状可能不同。这节课将逐一探究。

【教材与学情分析】

本课是北师大版小学数学三年级上册第五单元"周长"的第三课时——探索长方形的周长。教材在编排上有两个特点：一是标题为"长方形周长"，内容包括长方形和正方形的周长，把正方形周长作为特殊的长方形来呈现，根据其自身的特征探索周长的计算方法；二是不出现周长的计算公式，教材中呈现的三种方法都是建立在对周长意义充分理解的基础之上，鼓励学生根据图形特征和自己对周长的理解程度，来选择适合自己的计算方法。

结合个人的理解和经验，可以出现周长公式，但不做过多强调。本节课之前，需先复习正方形是特殊的长方形。

【教学目标】

1.经历探索长方形、正方形周长计算方法的过程，理解并掌握长方形、正方形周长的计算方法，并能正确计算周长。

2.能运用长方形和正方形周长的计算方法解决实际生活中的简单问题，体会策略的多样化，促进对周长意义的理解，培养量感。

3.在测量、计算、交流等学习活动中，学会独立思考问题，并能表达自己的想法，体会数学与实际生活的紧密联系。

【教学重难点】

重点：经历探究长方形周长的计算过程，进一步理解周长的意义，发展周长量感。

难点：运用长方形周长的计算方法灵活解决相关实际问题。

【教学用具】

磁条、红色粉笔。

【教学过程】

一、课前引入

师：同学们，老师想给黑板贴上一圈漂亮花边，想计算一共有多长的花边，是求这个长方形的什么呢？看看黑板上这些图形，生活中还有哪些地方要求长方形的周长呢？

生：篮球场跑一周的长度就是篮球场的周长，花圃四周围栏就是花圃的周长……

师：在生活中，长方形被广泛应用，那么有什么办法能简便计算长方形的周长呢？今天我们就一起来研究长方形的周长！

二、建立模型，深度理解

（一）自主探究

引入：同学们，这是什么图形？（长方形、正方形）你们能求出它们的周长吗？非常好，老师感受到了你们的信心！

谁来读一读活动要求：

1.先量一量图形上需要的长度，并标记。

2.分别计算这两个图形的周长。

3.四人小组内说一说，你是怎么算的。

留意学生不同的计算方法，巡查时记录下来。在展示交流时有意识地让预设1方法的学生先展示分享，预设2和预设3的学生后展示分享。

（二）集体探讨

师：同学们完成得好，说得也很好，老师特别表扬第一组人人有讲、有合作。首先，我们来汇报长方形周长的计算方法。请同学先说算式，并说一说为什么这样列式。

预设1：5+3+5+3＝16cm，我量出4条边的长度，再加起来。（强调四条边相加正好一周）

预设2：5×2+3×2＝16cm，我量出了长和宽，各自乘以2，再加起来。（强调量了长和宽，对边相等）

预设3：（5+3）×2＝16cm，先把长和宽加起来，再乘以2，就是周长。

师追问：为什么要用长和宽的和乘以2呢？（强调为什么要这样算？为什么要乘2？为什么要加括号？）

预设：因为四条长平均分成两份，每份都包括一条长和一条宽，所以算出长和宽的和再乘以2。

师：来，请你来做个神奇的魔术师，把刚才的想法分给大家！

（学生操作）

师：你看懂为什么要用长和宽的和乘2了吗？（再请一个人说说）

三种方法对比：上面的方法中，你最喜欢哪种方法？理由是什么？

预设1：我喜欢第1种方法，因为分别量出了长方形4条边的长度，再加起来，肯定不会错的。

预设2：我喜欢第2种方法，因为长方形的对边相等，长乘以2加宽乘以2就可以了。

预设3：我喜欢第3种方法，因为长方形的对边相等，把4条边拆分，再把长和宽重新组合，可以组成这样的2组，也就是2个长加宽，这种方法更加简单方便。

师小结：同学们不仅找到了多种计算方法，而且讲出了数学道理，太棒了！

师：接下来，我们汇报正方形周长的计算方法。现在请一位同学来说算式，并说一说为什么这样列式。

预设1：3+3+3+3＝12（厘米），我分别量出4条边的长度，再加起来。

预设2：4条边都是3厘米，也就是4个3厘米，边长乘4就可以了。3×4＝12（厘米）

预设3：（3+3）×2＝12（厘米）

追问：4是怎么来的？（强调正方形四条边相等）

（三）思辨提升

师：同学们，请观察这些方法，长方形、正方形的周长计算有相同的方法吗？又有什么不同的方法？

相同：把它们所有的边都加起来就可以了。

不同：可以利用它们的特征，比如正方形的周长可以用边长乘4，长方形的周长可以先算2条长、2条宽，再加起来，所以长方形周长等于长乘2加宽乘2。长方形的周长还可以先把一条长和一条宽加起来，再乘2，也就是长和宽之和乘以2。以后大家可以灵活应用这些方法进行计算。

（四）拓展应用

用你喜欢的方法求下面图形的周长（课件出示图形）。请大家用这节课的综合算式计算，速度最快的前两位同学可以直接上台展示。加油哦！

三、做一做，灵活应用

淘气想靠墙围成一个长方形的蔬菜园，长是6米，宽是4米。可以怎样围？分别需要多长的围栏？

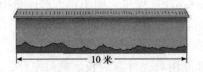

10米

师：谁读懂了题目，来跟我们解释一下？（靠墙围是什么意思？）

学生上台操作，展示如何围蔬菜园，并画出图形计算。

预设1：围栏的长度就是长方形的周长。（6+4）×2＝20（米）

预设2：把长方形6米的一条长边靠墙，所以只需要算三条边长的和。

4+6+4＝14（米）

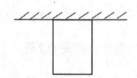

生：因为蔬菜园靠墙，所以可以减少一条边。

师：说得真好！还有其他的围法吗？请大家画一画，计算围栏的长度。

说一说你是怎么围的，谁靠墙了？

预设3：把长方形4米的一条短边靠墙，所以只

需要算三条边长的和。6+4+6＝16（米）

师展示课件，并追问：你觉得这两种方法哪种

节约围栏材料？为什么？

师：这道题只要求计算长方形周长的一部分。看来学习可不能随意，必须深入理解问题，掌握实际情况，才能准确计算。

四、辨一辨，提升空间观念

问题：一个图形可以用4×6求出周长，这是什么图形？（选一选，说一说）

教师不要着急出图，可以先让学生想象。

预设：图1可以用4×6计算周长，因为正方形四条边一样长。

预设：图2不可以，里面的4不算入周长，应该是4×5。

预设：图3和图4都能用4×6计算周长。通过平移，就会发现后面2个能变成长方形。只是样子改变了，但是周长相同。

师追问：对比3个图形的周长，你有什么发现？

小结：通过平移把另外2个图形转化成长方形，让学生体会到平移后图形的形状发生了变化，但是周长和正方形图形的周长相等，也可以是4×6计算

可得！

五、回顾总结，分享收获

引导：回顾本节课，你有什么收获或疑问？

预设1：我知道了怎样求长方形、正方形的周长。

预设2：生活中有很多需要计算周长的实际问题，我们在解决问题的时候，还要根据具体情况分析，然后找到解决问题的方法和答案。

预设3：当我们遇到问题的时候可以画图，画图可以帮助我们更好地分析题目。

预设4：我学会了平移法，周长相同，但是形状可能不同。

预设5：解决计算周长的问题，关键是要理解什么是周长，就是边线一周的长度。

预设6：题目为什么是长方形的周长？明明还有正方形呢！

师：善于反思的孩子是最聪明、最善于思考的。这节课愉快地结束了，下课！

"长方形周长"学习单

★　活动一：量一量，算一算，可以写出多种方法哦！

计算长方形周长：　　　　　　　　　计算正方形周长：

★ 活动二：淘气想靠墙围成一个长方形的蔬菜园，长6米、宽4米。可以怎样围？分别需要多长的围栏？（画一画，算一算）

★ 活动三：下面的图形能用4×6求出周长吗？（单位：厘米）

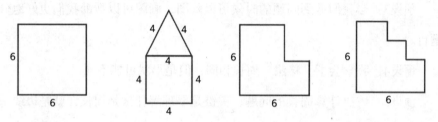

【教学反思】

"长方形周长"这节课是在学完周长的概念后进行教学的。《义务教育数学课程标准》指出："动手实践，自主探索，合作学习是学生学习数学的重要方式。"本课设计以这一基本理念为指导，强调"以学生为中心"和"以自主探究为主线"，重视学习过程和学习方式，使学生在探索、交流的过程中获得新知，同时享受到学习的乐趣。

一、选择素材，感受必要性

学生应明白为什么而学。课前，我用一个问题激发学生思考："同学们，老师想给黑板贴上一圈漂亮花边，想计算一共有多长的花边，是求这个长方形的什么呢？生活中还有哪些地方要求长方形的周长呢？"让学生感受有的时候并不方便测量四条边的长度，生活中要用到长方形周长的地方很多，因此有必要探索长方形周长计算方法。

二、度量探索，发展量感

度量，是关于事物的物理属性可不可以计量以及如何计量的判断，重在过程。本课教学中，不仅仅是想让学生得出结论，结论是简单的，而过程才是非常有意义的。数学课程中要有作为具体内容的"测量"，也要有作为核心素养主要表现的"量感"。通过量感拓展出学习者主动参与、主动探索、主动尝试的可能性，使得学会测量的过程同时成为长见识、悟道理、发展核心素养的过程。

课堂上教师大胆地放手，让学生通过小组合作学习，自主探索长方形周长的各种算法，再引导学生比较，哪几种想法是一样的，你喜欢哪一种算法，为什么？学生汇报长方形周长的计算方法时，教师鼓励生生互动，特别是面对"（长+宽）×2"这种方法时，会这样用的学生特别少，于是引起争论。通过辨析，学生发现这种方法很简便，先求出周长的一半，再乘以2，最后成为所有学生都喜欢的方法。再结合黑板上用不同颜色的粉笔画出两组长和宽，以多种方法理解这种抽象方法。这恰恰体现了学生知识发生的过程，从无知到有知，形成了一种巨大的冲击力。

三、试错辨析，增强量感

在靠墙围栅栏的问题中，教师搭建了非常好的操作平台，让学生上台靠墙围一围，有的学生围了四条边，有的学生围了三条边，到底是怎么回事呢？当靠墙的那条边抽走的时候，还剩下一面墙，生动又直观！错误并不可怕，反而有必要在这里进行错误辨析。从作业效果来看，学生的学习效果非常好，面对靠墙角围篱笆，学生也能轻松理解。在这节课上，也有不足，学生对比辨析得出第一种方法后，教师让学生在学习单上画出另一种方法，从直观操作到抽象画图，学生一时没有转换过来，于是大多数学生没有完成这项任务。

量感，就是在脱离测量工具的环境下，仍能对观测对象物理属性的计量做出合理判断的能力。通过这节课放慢节奏的探索，学生对长方形周长有更清晰的认识，也能针对真实情境选择合适的方法计算周长，是图形周长、面积、体积计算的起始课，发展了学生周长计算的量感。

在变中寻不变深度理解本质
——"快乐的动物"教学设计

海裕小学　柯媛

【课前思考】

"快乐的动物"一课是一节承载着认识"倍"这一数学知识的概念课。"倍"是学生继一年级学习"差"之后第二次学习两个量比较的关系指标。"倍"是以标准量为一份数划分比较量，比较量有多少个这样的一份，就说比较量是标准量的多少倍。因此，让学生准确把握倍比关系中比较量和标准量之间的关系是深化"倍"的认识的关键。

【教材分析与学情分析】

本课是北师大版数学教材二年级上册第七单元"分一分与除法"的第六课时。"倍"是生活中常用的概念,教材没有给它下定义,而是通过具体的数学活动,让学生体会"倍"的意义。对"倍"的理解实际上是对除法意义的拓展,就像"比多少"是对减法意义的拓展一样。理解了"倍"的意义,就能理解除法不仅可以表示一个数量的平均分问题,也可以表示两个量之间的倍数关系。

在学习本课之前,学生已经通过操作、画图、填表等方式学习过除法的意义、用乘法口诀求商,对平均分事件中的"一份数"和"几份数"有了一定的认识。而本课将承接学生已有知识,用"包含除"的意义来解释"倍"的概念,从而使学生能较为自然地创生"倍"的意义。

【教学目标】

1.在比较小动物数量关系的过程中体会"倍"的意义,进一步理解除法意义。

2.会用图形直观和除法算式表示两个数量之间的倍数关系。

3.培养初步观察、分析能力,发展数学应用意识和解决问题能力。

【教学重难点】

重点:在具体情境中体会"倍"的意义,会用图形直观和除法算式表示两个数量之间的倍数关系。

难点:在具体的情境中理解"倍"的本质。

【教学用具】

多媒体课件、学习单（每人一份）。

【教学过程】

一、创设情境，引发好奇心

师：同学们，你们喜欢动物吗？今天有一群快乐的小动物要来和我们一起学习，快来看一看，都有哪些小动物呢？

预设：有小鸭，松鼠，孔雀，小猴，小鸟，小鸡。

师：每种动物分别有几只？请你仔细观察图片，在学习单上数一数、填一填。

预设：6只小鸭，2只松鼠，1只孔雀，3只小猴，12只小鸟，8只小鸡。

师：在这些动物中，就数小猴和小鸭最聪明、最爱动脑筋了，它们想比一比它们的只数，谁能帮它们比一比？

预设1：小鸭比小猴多3只。

预设2：小猴比小鸭少3只。

师：真了不起，在比较两个数量的时候，我们可以用——对应的方法比多少，这是我们一年级学过的内容。除此之外，它们之间还有什么关系吗？

设计意图：差比关系和倍数关系都并列属于两个量的比较关系，以"差比"作为学习起点，设置悬念，不仅能激发学生的学习兴趣，也有利于学生之后建立"差"和"倍"两种比较关系的并行结构。

二、合作交流，思考好探究

（一）认识"倍"，体会"倍"的意义

活动：用〇表示小猴和小鸭的数量，并以小猴的数量为一份，圈一圈，看看有什么发现。把你的发现和同桌交流一下。

（同桌交流完后，请学生代表上台展示分享）

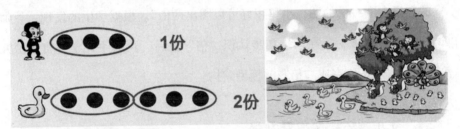

预设1：以小猴的只数为1份，小鸭正好可以圈出这样的2份。

预设2：小鸭的只数是小猴的2倍。

小结：我们把小猴的3只看作是1份的话（圈1下），那么小鸭的6只里面就有这样的2份（圈2下），我们就说小鸭的只数是小猴的2倍。（板书：小鸭数是小猴的2倍。齐读一遍）

师：今天我们要学习的就是"倍"的认识。（板书：倍的认识）

（二）联系除法意义，用除法计算倍数

师：像刚才一样，我们可以用画图圈份数的方法来求倍数，那结合我们画的图，你能列算式来求倍数吗？

预设：$6÷3=2$。

集体交流：为什么用除法解决？这里的6、3、2分别表示什么？

预设：这里圈一圈的过程就和我们之前学习的平均分的过程一样，所以要用除法解决。把小猴的3只看作1份，6只小鸭里面能分出这样的2份，可以列除法算式6÷3＝2，2既可以表示6里有2个3，也表示6是3的2倍。

提醒：这里的2表示小鸭数是小猴的2倍，"倍"在数学中不是单位名称，所以2后面不写单位。

设计意图：低年段孩子的思维主要以具体形象思维为主。为了让学生建构起"倍"的概念，本环节先进行画一画、圈一圈活动，引导学生发现"以小猴的数量为圈一份的话，小鸭正好可以圈出两份"。根据学生的发现，教师再讲授"倍"的概念。在学生初步认识"倍"之后，再放手让学生自主探究"倍"的算式表达，完成"倍"的模型建构。

三、多元表达，交流好分享

师：除了小猴和小鸭，其他小动物也想来比一比，请你在学习单上画一画、圈一圈、写一写，表示它们之间的倍数关系。

预设1：把2只松鼠看作1份，8只小鸡就有这样的4份，8÷2＝4，所以小鸡数是松鼠的4倍。

预设2：把2只松鼠看作1份，6只小鸭就有这样的3份，6÷2＝3，所以小鸭数是松鼠的3倍。

预设3：把1只孔雀看作1份，3只小猴就有这样的3份，3÷1＝3，所以小猴数是孔雀的3倍。

追问：

1.松鼠都是2只，为什么小鸡的只数是松鼠的4倍，小鸭的只数却是它的3

倍？（比较量不同）

预设：小鸡和小鸭的只数不同。以松鼠的2只为一份，小鸡的8只里面就有这样的4份，而小鸭的6只里面只有这样的3份。

2.小鸭是松鼠的3倍，小猴也是孔雀的3倍，同样都是3倍，为什么小鸭和松鼠，小猴和孔雀的数量不一样？（标准量与比较量都不同）

预设：虽然小鸭和松鼠，小猴和孔雀数量都不一样，但是它们的倍数关系却是一样的。以松鼠为1份，小鸭就有这样的3份。以孔雀为1份，小猴就有这样的3份。

小结：看来倍数和两个比较的数量都有关系，如果将较小数看作一份，较大数正好有这样的几份，我们就说较大数是较小数的几倍。

设计意图：概念的学习需要一个逐步形成、发展乃至深化的过程。本环节紧抓"倍数"是一份与多份的对应关系这一关键点，借助变换比较量和标准量的数值，引发学生思考"倍"与什么有关，引导学生深入理解"倍"的本质。

四、练习巩固，提升好应用

练习1：圈一圈，填一填。

练习点：通过图形给出各数量关系，引导学生用图形直观和除法算式表

示两个数量之间的倍数关系，帮助学生体会"倍"的意义。

练习2：画一画，填一填。

练习点：本题考查的依旧是对"倍"的意义的理解。与练习1不同的是，这题直接通过数字给出数量关系，因此更侧重让学生列除法算式计算倍数关系。但为了更直观了解学生对知识的掌握情况，这里教师也可以要求学生以在下面画图圈份数的方式验证自己的算式。

设计意图：本环节的两个练习都是巩固"倍"的概念，考查学生能用画图和除法算式表示两个数之间的倍数关系。两道题给出的数量形式不同，第1题给出图形，第2题给出数字。形式不同可能会凸显个别学生不同的问题，例如第1题，学生可能会出现猫和鼠数量数错而造成算式错误，而第2题可能会有部分学生在没有图形辅助的情况下列不出除法算式。因此在练习过程中，教师除了要借助图形直观，帮助学生强化算式意义之外，也要提醒学生回归问题，检查算式是否正确。

五、反思梳理，养成好习惯

师：同学们，今天我们学习了"倍"的知识，你对"倍"都有哪些认识？

预设1：我知道怎么求倍数了，要先把较小的数看作1份，较大的数里面有这样的几份，较大数就是较小数的几倍。

预设2：我们可以用画一画、圈一圈或者列算式的方法求倍数。

师：同学们的收获真多，其实在我们的生活中有许多事物之间也存在着倍数关系，你能举例说一说吗？

预设1：手指数是眼睛数的5倍，眼睛数是耳朵数的1倍，眼睛数是鼻子数的2倍。

预设2：家里吃饭拿碗筷，筷子的数量是碗的2倍。

······

【板书设计】

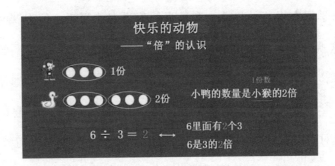

The four seasons单元教学设计

海裕小学　谢荟茹

一、学情分析

本单元的学习对象为二年级学生。学生活泼好动，爱模仿、爱表现自我，对英语学习有很高的热情，有较强的英语表达愿望，但上课时注意力容易分散。这就要求教师要创设各种情境，结合多种教学工具，如图片、音频、课件等，让学生在情境中学习，积极参与课堂教学活动。通过近两年的英语学习，学生形成良好的英语语感，具备阅读并获取关键信息的能力，能用英语简单对话，喜欢歌谣和表演。学生在一年级上学期学过句型What color is it? It is yellow/...；在一年级下学期学过句型winter is...及单词spring、summer、autumn、winter，为本单元学习做了铺垫。

二、教材分析

牛津英语（深圳版）2B Module 3的教学主题是：Things around us，共三个单元。本单元是第一个单元：The four seasons.

我们在故事情境中复现学生学过的语言知识，重点关注学生的语言输入、输出。通过学习本单元，学生能运用核心词汇和句型描述四个季节的代表颜色、天气特征及特色运动，对其进行问答和描述。本单元的教学内容作为体现单元主题Things around us的载体，让学生能根据身边不同的季节和相应主题下的场景运用语言、初步表达。

本单元的主题是The four seasons，情景简单，单词和句型对学生来说并不难，因此我们设计了以下话题：Different seasons, colourful activities; Favourite season, favourite things; Different seasons, wonderful life.

教师主要采用单元整体教学法，让英语学习变得更有趣味，让学生感受到四季之美、自然之美和生活之美，提升语用体验。

三、单元设计思路

我们围绕三个话题设计贴近学生生活实际的情境，涉及四季更替、气候变化及特色活动等等。

第一课时话题是：Different seasons, colorful activities. 我们创设了Doraemon和Noby两个卡通人物环游世界的情境，开展教学活动。Doraemon和Noby通过Magic door实现了环游世界、欣赏四季的愿望。学生通过观察图片，复习旧知It is spring/summer/autumn/winter、It is yellow/green/red/white，warm、hot、cool、cold。重点新知则融入Doraemon和Noby关于喜欢的活动的讨论，学生初步运用句型"I can..."介绍四季特色活动。

第二课时话题是：Favourite season, favourite things. 本课时在第一课时的基础上拓展了更多有关不同季节所能看、听、说、做、吃和玩等活动，并引导学生熟练运用It is...（do）... I can see/hear/eat/（do）... I like（doing）in spring/summer/autumn/winter等句型介绍自己喜欢的季节。我们创设了Doraemon和

Noby访问动物学校、调查动物们最喜爱的季节这一情境，大量运用Do you like（季节）...? Can you see/hear/eat/（do）in...? Do you like（doing）in...? 等问句提问，引导学生使用多种句型提问。

第三课时话题是：Different seasons, wonderful life. 本课时主要内容是语言综合运用，要求学生完整地描述四季的特征和特色活动。我们创设了Doraemon和Noby通过调查发现，动物学校中的一些动物因为无法离开生存地而无法真切感受四季之美，Doraemon和Noby决定制作一本四季故事画报送给那些动物。他们向学生们发出请求，学生们分组合作制作四季故事画报，并用英语介绍故事梗概。

三个课时的话题围绕一个主题展开，有效提升了学生的语言输出能力及环境保护意识。学生感受到四季之美，意识到保护大自然的重要性。

四、单元目标

（一）语言知识目标

能准确地听说认读短语fly a kite, ride a bicycle, make a snowman及句型It is... I（do）...

能用It is... We can... We like（doing）...等句型描述四季的特征及特色活动。

（二）语言技能目标

通过参加模仿、操练、表演等活动，学生能够在真实的情境中熟练运用所学的语言知识，做到学以致用，培养学生的口语能力。

培养学生乐于表达、勇于展示自我的习惯。

（三）情感态度目标

培养学生热爱、保护自然及爱护身边一草一木的情感。

通过参与学唱儿歌、讲故事等活动，学生体会到学习英语的乐趣，增强了学习信心。

五、第一课时教学目标

（一）攀登英语教学目标

初步感知辅音字母组合音素sp的发音。

能简单跟读字母组合sp及相关单词。

能在老师的引导下准确读出字母组合spr。

（二）本课时教学目标

能根据图片或动作听写动词短语fly a kite、ride a bicycle、make a snowman。

能观察图片细节，初步感知四季气候不同warm/hot/cool/cold，使用It is...句型描述季节和颜色，使用I can...句型发表意见。

初步感知不同季节不同的特征及活动，培养乐于表达的积极情感。

培养学生在说唱儿歌，小组表演、pair work，角色扮演等活动中积极参与，敢于表达，增强学习的兴趣和信心。

六、第一课时教学设计

机器猫Doraemon（D），小男孩Noby（N）。

One day, Noby is unhappy...

Noby's homework is writing something about my favourite season. But he doesn't know how to write it…

D: Don't worry! Let me help you! I will give you four doors. You can choose one and walk in.

N: Wow! I am so excited! Let's go to door No.4!

【Scene 1 autumn】

N: Wow! It's so cool! What season is it?

D: It is autumn. It is yellow. It is cool.

N: What can you do in autumn?

D: I can fly a kite. I can eat fruit.

N: Yummy, yummy!

【Scene 2 winter】

N: Oh no! It is so cold. What season is it?

D: It is winter. It is white. It is cold.

N: What can you do in winter?

D: I can make a snowman. I can skate.

N: Very good!

【Scene 3 summer】

N: Oh no! It is so hot! What season is it?

D: It is summer. It is red. It is hot.

N: What can you do in summer?

D: I can…

N: Good!

D: I can...

【Scene 4 spring】

N: Wow! It is so cool. What season is it?

D: It is spring. It is green. It is warm.

N: What can you do in spring?

D: I can...

N: How nice!

D: I can...

【Scene 5】

D: Which is your favourite season?

N: My favourite season is spring. It is warm. It is green. I can ride a bicycle. I can play in the park. I am so happy!

具体设计方案见表2-15。

表2-15 教学设计表

Procedure	Contents	Methods	Purpose
Pre-task	1.学习音素组合sp和spr	1.播放视频，学生跟着老师唱，拍手切分音素。 2.课件展示，用手势切分单词，先整体读，后点名读。 sp-ot-spot sp-ell-spell sp-in-spin sp-ill-spill 3.教师示范读spr，学生区分sp和spr的发音。 4.分步骤给出含有字母组合spr的新单词，引导学生读出单词。 sp-r-spr spr-ing-spring	1.学生在唱歌过程中感知字母组合sp的发音。 2.初步感知单词音素的切分规则。

续表

Procedure	Contents	Methods	Purpose
Pre-task	2.歌曲演唱	T: What is spring? Ss: Spring is the season. T: How many seasons in a year? Ss: There are 4 seasons. T: There are spring, summer, autumn and winter. T: Do you like 4 seasons? Let's enjoy a song together! Play the video and sing together.	播放歌曲，活跃课堂气氛；复习季节的名称，为引入话题做好铺垫。
	3.情境导入	介绍本课时故事情境： T: Today, I will introduce you two friends. They are Doraemon and Noby. D: I want to see the four seasons. N: But it is spring now. D: Don't worry. I have a magic door. If you touch the button, you can see the different seasons. T: Wow! It is wonderful. N: What season do you like? Ss: I like... T: How about you Doraemon? D: I like summer. T: Oh, he likes summer. Which button is summer? Red? Green? T: OK! Let's have a try!	创设故事情境，引导学生观察图片，了解神奇之门，激发学生的学习兴趣。

续表

Procedure	Contents	Methods	Purpose
While – task	【Scene 1】 1.介绍冬天	课件出示打开神奇之门后的情境：下雪，雪人，白茫茫一片。 N: Oh no! It is so cold. What season is it? D: It is winter. It is white. It is cold. T: What can you do in winter? Ss: I can...	激活学生已有知识经验，用课件帮助学生学习目标词组和句型。
	2.儿歌演唱	T: Let's read together. Snowman Make a snowman I can make a snowman I can make a snowman in winter T: Now you are Noby. What season is it? Ss: It is...	通过操练加强语言的运用，为后面的熟练表达做准备。
	3.角色扮演	以小组为单位分角色表演故事，模仿Doraemon和Noby进行对话。	通过模仿、表演等活动进一步巩固本课知识点，增强积极表达的信心。
	4.小结	I like winter. I like winter. It is white. It is white. It is cold. It is cold. Make a snowman. Make a snowman.	以唱歌的方式小结第一课时重点内容。

续表

Procedure	Contents	Methods	Purpose
While – task	【Scene 2】 1.介绍秋天	课件出示打开神奇之门后的情境：落叶缤纷，果实累累。 N: Wow! It's so cool! What season is it? D: It is autumn. It is yellow. It is cool.	带着问题听对话，提取有效信息。
	2.学习词组	N: What can you do in autumn? D: I can fly a kite. I can eat fruit. I can ride a bicycle. N: Yummy, yummy! T: Let's practice: Fly a kite. I can fly a kite. I can fly a kite in autumn.	观察图片，发散思维，使用I can...句型介绍自己。
	3.角色扮演	G1 and G2, you are Noby. T: What season is it? G3 and G4, you are Doraemon. T: What can you do in autumn?	模仿表演，体验角色情感。
	4.小结	I like autumn. I like autumn. It is yellow. It is _____. It is cool. It is _____. Ride a bicycle. I like autumn. I like autumn. It is yellow. It is yellow. It is cool. It is cool. Fly a kite. Fly a kite.	以唱歌的方式复习第一课时重点内容。

续表

Procedure	Contents	Methods	Purpose
While – task	【Scene 3】 1.填空	根据句意补充句子，完成对话。 N: Oh no! It is so hot. What ___is it? D: It is ___. It is ____. It is ____.	自主学习，巩固记忆。
	2.看图提问	N: What can you do in summer? D: I can____. 根据课件出示的图片场景提出问题。	观察图片细节，运用 I can...句型介绍自己，培养高阶思维能力。
	3.儿歌表演	I like summer. I like____. It is ____. It is _____. It is _____. It is _____. I can____. I can_____.	小组合作创编歌词。
	【Scene 4】 介绍春天	根据课件出示的图片场景补充句子。 It is ____. It is ____. It is ____. 学生回答在春天可以做哪些活动，并猜测Doraemon喜欢哪些春季活动。 N: What can you do in spring? D: I can____. N: How nice!	交流讨论，表达自己的观点。

Procedure	Contents	Methods	Purpose
Post-task	同桌对话	选择一个最喜爱的季节并告诉同桌自己的理由。 时间：1分钟。 D&N: How about you? I like_____. It is_____. It is_____. I can_____. I can_____. How nice!	互相交流，提升语言表达能力。
Homework		Draw a picture of your favourite season and talk about the season.	
Board–design			

第三节　评价与家校合力

儿童的成长离不开家长的培养，良好的家庭教育是学校高质量发展的重要保障。教师和家长共同实施尚善教育，才能培养出合格的尚善少年。因此，海裕小学开设了"家长学校"，校长带领工作小组制订、落实年度计划，保障家长学校各项工作的顺利开展。

一、"四有"统领，架构家长学校系统

海裕小学围绕"尚善教育"理念，结合六大"尚善基因"培养目标，营造"善善从长"的家校文化，将家长培养目标确定为"四爱家长"：具有慈爱、仁爱、深爱、智爱四大特征，让家长成为孩子的幸福导师。

（一）慈爱

慈的含义是温柔和善，代表家长之爱的情感维度，关键词是"关系"。重点是家长应该帮助孩子营造一个和谐温馨的关系场，包含夫妻关系、亲子关系、师生关系、同伴关系，给孩子提供坚实稳定的情感支持。

（二）仁爱

孔子把"仁"作为最高的道德原则、道德标准和道德境界，代表家长之爱的道德维度，关键词是"秩序"。家长要以强烈的责任感对待孩子的教育问题，正面引导孩子养成秩序习惯，包括家庭秩序、学校秩序和社会秩序。

（三）智爱

爱亦有道，代表的是家长之爱的理性维度，关键词是"学习"。帮助孩子成长，需要养育者的智慧之爱和理性约束做保障。家长要保持不断学习的心态，形成正确的教育观念，学习科学的育人方法，提升家庭教育质量。

（四）深爱

父母之爱子，则为之计深远。深爱，强调家长之爱的长远，代表的是家长之爱的方向维度，关键词是"价值"。家庭教育要着眼于孩子的未来长远发展，依据《中华人民共和国家庭教育促进法》，把孩子培养成德智体美劳全面发展的社会主义建设者和接班人。

二、完善组织，构建协同育人体系

围绕慈爱、仁爱、深爱、智爱四大成长目标，学校积极建设家长学校，规划了五大发展方向：协同、学习、赋能、支持、实践，构建家校社协同育人机制。

（一）协同——成立家庭友好中心

1.一个阵地

学校成立"家庭友好中心"，即家长学校工作和活动的主阵地，设置家长有约洽谈室、儿童游戏室、团体活动室、圆桌会议室、办公室，为家长学校工作的开展提供坚实保障。

2.一套班子

为落实家校社协同育人职责，学校整合多方资源，实行"三级"管理模式，分别是家委会、学校家庭教育部、社区少工委，由中心主任定期组织三方协调相关事宜。

3.五个分部

家庭友好中心下设参谋部、社群部、学习部、宣传部、五色义工部，每个部门相互联系、相互配合、密切协作，实现优势互补，将家校社合作效用最大化，实现全面育人、全方位育人。

（二）学习——开发"支架式"课程

家庭是孩子的第一所学校，家长是孩子的第一任老师，家长唯有保持学习的热情，才能当好孩子的第一任老师。学校以裕德学堂和家长会为主平台，依托家庭友好中心主阵地，线上和线下相结合，开展高质量的集中授课。

学校积极开发和建设家长教育"支架式"课程，推进家长学校的建设和尚善家长的培育。课程分为认知学习类、家风建设类、亲子活动类、托举行动类。学习形式包括集中授课、指导自学和活动实践等，多方面、多层次、多举措促进家长的学习与成长。

"支架式"课程受到家长们的一致好评。家长只有坚持学习，认同学校的办学思想与愿景，与学校保持同频共振，家校协同共育才能发挥作用。

（三）赋能——打造尚善好家风工程

打造尚善好家风工程是实践课程。引导家庭家教家风建设，帮助家长营造"善善从长"好家风。课程以社会主义核心价值观为主要内容，以生活教育为抓手，赋能孩子成长，培养孩子的条理性、安定感、秩序感，在家庭教育层面落实立德树人根本任务。

打造尚善好家风工程，主要通过实施德育主题课程来实现。居家学习期间，启用"日念一善"行动，为孩子的每一次进步打卡，增进亲子关系。在家庭教育宣传周活动中，开发"好家风三宝，做个幸福加水人"德育主题课程。在心理课上，引入绘本《你把水桶加满了吗》。这个绘本用"水桶"来比喻儿童心理健康状况。外界给予儿童爱，就是在给儿童的水桶加水。学生学习向别人表达善意、积极做出正面行为，练习做"加水人"，即传递爱。通过开展家庭教育指导微课，指引家长在家召开家庭会议，约定家庭的善言、善行、善念，将家庭的"水桶"装满。21天后，班主任召开主题班会，分享"加水人"的故事。

最后，从好家风家庭、学习型家庭、尚善家长等维度对德育主题课程进行评价，以达成四大成长目标，提升家长素养。

（四）支持——构建托举行动系列课程

托举行动系列课程分为全员普及课程和"重注生"专项课程两大类。

全员普及课程包括："善善从长"全员普访活动、家校共育交流会、家书寄亲情活动，以及点亮"幸福成长树"活动，即家长在"幸福成长树"册子上记录孩子的点滴成长。

"重注生"专项课程包括："重注生"家长一对一指导会——家长有约；"重注生"家教指导沙龙。学校专人指导"重注生"家长改善亲子关系，引导"重注生"家庭正向互动交流，为孩子成长赋能。

（五）实践——开展亲子社群系列活动

亲子社群系列活动，也叫"爱与责任"家庭课程，主要包括亲子社群活动和"家庭进课堂"活动。亲子社群是由班级或年级亲子社群部结合学校

"尚善教育"理念和班级实际情况，依托家长拥有的或开发的社会资源，围绕"爱与责任"培养目标，策划组织的极具教育意义的自然、社会活动，旨在为尚善少年的幸福成长打造家校社一体的教育生态圈，增进家庭间的友好结对与联动，让儿童获得积极的情感体验，增进儿童对自然、社会、自己、他人的认识，提升爱与责任的能力，学会友好地处理"六大关系"。

"家庭进课堂"活动是以家庭为单位，家长和孩子进班级开展主题班会课堂，参与教学体验，提供亲子合作契机，从而增进家庭友好氛围与孩子成长进步。

三、深入教研，打造家长学校教研队伍

海裕小学有一名家庭教育兼职教研员、一名家庭教育指导师，这两位老师都是宝安区核心教研团队成员；一名涂南平家庭教育名师工作室成员、两名戴花妹家庭教育名师工作室成员。学校核心教研组带领团队成员潜心研究，不断提升教研能力，为家长学校提供队伍保障。

（一）四种能力，指引教研团队专业成长

我们从认知能力、管理能力、交际能力、发展能力四个维度考查教师，建设以班主任和心理教师为主要成员的家长学校教研队伍。

认知能力，即掌握家庭教育理论知识，能科学合理地运用多种家庭教育指导方法，为不同年龄段个体提供家庭教育指导。

管理能力，即制定家庭教育指导方法和各阶段指导内容，能平衡教学与指导工作，有效地组织家庭教育指导活动资源；能根据不同对象提供指导方法，有较好的处理突发情况的能力。

交际能力，即采用恰当的词汇、语速、语气与指导对象沟通，能自我调控，掌握多种沟通技巧；能与指导对象保持联系，定期交流；具有良好的合作意识，与其他指导者、指导对象合作。

发展能力，即对指导过程进行反思，并应用于指导活动中，形成家庭教育指导模式；能主动学习家庭教育知识，创新家庭教育指导手段。

（二）两个路径，提升教研团队指导能力

教研团队提升指导能力有两大途径：一为学习，二为实践。

学习路径主要有以下方式：集中授课、指导自学、交流学习、反思学习。集中授课，学习线上、线下专家课，接受培训；指导自学，学校指定相关专业书籍，教师自学；交流学习，举办主题研讨会，分享先进经验，学习先进做法；反思学习，撰写家庭教育案例总结，在反思过程中提升专业能力。

实践路径主要有以下方式：借助家长学校平台开设家庭教育讲座；制作家庭教育微课；在家长会上对家长进行家庭教育指导；线上交流家庭教育问题；深入家访，面对面沟通家庭教育问题。

家长学校教研小组积极实践，勇于实践，在实践中不断提升家庭教育指导能力。

（三）一个模式，打造家长学校专业课型

根据《广东省全国规范化家长学校实践活动学校评估验收指标》《深圳市宝安区创建全国规范化家长学校实验区实施方案》要求，海裕小学推出"三课型一指导"教学模式，针对"全国规范化家长学校"这一主题开展了一系列研讨活动。

1.研讨阶段

廖珊珊老师作为学校代表，参加宝安区"三课型"研讨课做观摩课例展示。家长学校教研小组在宝安区创建全国规范化家长学校实践活动实验区第一片区教研组长、海裕小学翁丽丽副校长带领下开展教学研讨活动。

2.示范阶段

廖珊珊从班级管理实际中的同伴关系问题出发，以"让'冲突'成为孩子成长的契机"为主题设计了一节教研课。此课例成为宝安区教育科学研究院组织的"集中教学"观摩活动展示课例。

3.反思阶段

学校召集全体班主任开展评课活动，由廖珊珊老师做经验分享，她对课程设计出发点、亮点进行了反思，同时提出针对性改进意见。

4.推广阶段

学校组织教师进行家庭教育指导课比赛，各班主任以"让'冲突'成为孩子成长的契机"教研课为指引，从班级实际问题出发，设计本班家庭教育指导课，落地实践。通过教研探讨、反思讨论，教师们提升了家庭教育课程设计能力。

四、同心共育，待家长学校尚善花开

（一）赋能教师，提升家庭教育指导能力

班主任教师关注"重注生"家庭教育情况，通过集体授课的形式解决班级共性问题，指导家长达成"四爱家长"目标、形成好家风。有意识地指导、有针对性地交流及发自内心地鼓励，让班主任和科任老师收获了家长的尊重

和职业的尊严，提高了教育教学质量。

（二）赋能家长，提高家庭幸福指数

坚持开展家长培训工作，充分调动家长的学习积极性，不少家长转变了教子观念，涌现一批"四爱"尚善家长，勤于学习、乐于奉献、善于陪伴、携手合作，创建家庭好家风，滋养尚善少年成长。

（三）赋能学校，铸就尚善教育品牌

学校"深蓝工程"家校社联盟开展卓有成效，各类育人活动被央视、深圳卫视、宝安触媒及《人民日报》《宝安日报》等媒体广泛报道。学校被评为"深圳市儿童友好基地""信息技术应用能力提升工程2.0试点校"，为家校社联盟打下了坚实的组织基础。

我们高度重视家庭教育，办学伊始就谋划"深蓝工程"，筹建家长学校，为家长提供专业的家庭教育支持与指导。通过创建"全国规范化家长学校"，我校对办好家长学校有了全新、全面的认识，有助于尚善少年的全面发展。

当然，家长学校仍然存在一些不足，为了全面推进学校"全国规范化家长学校实践活动实验区"工作，我们还需探索新理念、新方法、新模式，让学校和家庭多向互动，让更多的家长掌握现代家庭教育观念、科学的教子方法，这样才能培养出新时代的建设者。

第四章　成果

海裕小学于2020年9月正式开办，占地约1.5万平方米，建筑面积约3万平方米，办学规模为36个班，位于深圳市宝安中心区。学校以习近平新时代中国特色社会主义思想为指导，对标深圳建设中国特色社会主义先行示范区打造民生幸福标杆、实现"幼有善育、学有优教"的战略定位，坚持立德树人，坚持"五育并举"，努力打造一所具有人文底蕴、充满生态气息、面向未来的"儿童友好型数字化海洋生态学校"，为粤港澳大湾区、深圳先行示范区和宝安教育现代化建设做出海裕探索，给出海裕表达，亮出海裕名片。

一、对标儿童友好城市，深耕尚善教育

学校坚持为党育人，为国育才的教育导向，以先行示范标准打造儿童友好型城市"深圳品牌"，确立了"尚善教育"的办学理念，以"儿童友好"为原则，以海洋之家为主题，以数据驱动教育评价改革为载体，实现全员全程全方位育人，开展六大"善育工程"，实现"五育"校本化。

二、贯彻幼小科学衔接，践行儿童友好

海裕小学全面贯彻落实教育部《关于大力推进幼儿园与小学科学衔接的指导意见》《小学入学适应教育指导要点》等相关文件精神，践行儿童友好理念，构建满足儿童需求、尊重儿童心声、保障儿童权利的儿童环境，努力实现"六大友好"——环境友好、评价友好、课程友好、家庭友好、教师友好、

成长友好，促进五育及身心健康成长。

（一）儿童议事，教育设计未来

儿童参与、儿童发声，开展"儿童议事会"，打造儿童自由表达观点的平台，参与学校与班级建设，如：你眼里的未来学校是什么样的？面对海洋塑料垃圾污染，我们可以做些什么？……让儿童视角、儿童参与注入学校的管理中。

（二）双团驱动，育人教书相长

构建德育导师团和课程导师团。德育导师团，班主任与科任教师组团，"人人都是德育工作者"，实现全员育人共同进步。课程导师团，不同学科教师打破学科界限组团，开发综合性、实践性、探究性的课程，学科融合，培养学生的动手实践、分析和解决问题的能力。定期召开"导师学情共商会"，导师们针对班情、学情进行全面科学的诊断与分享交流，为教育教学提供更有针对性的措施与策略。

三、基于教育新基建，打造数智校园

学校基于"新基建"打造万物互联的智慧校园，创设跨界融合的全学习生态系统，坚持"应用驱动，数据导向，以人为本，成果为先"的思路，开发三大平台——数字档案平台、至善课程平台、海洋课堂平台，获取、积累、分析、反馈数据，并将数据分为治理、教学、研修、评价四个板块呈现，对学校各项业务及时研判并给出相应的建议，形成各类决策"有数可依，依数而智"。

推进教育综合评价改革，激活学生、家长、教师三大群体的活力与潜力，见证成长和变化，建立善治善能的管理文化，推动构建具备标杆示范效应的"未来数智校园"。目前，现有"海裕之光"应用平台包括：至善课程、海洋课堂评价系统、数字档案、尚善分享、寓善打卡等。

四、链接海洋中心城市，渗透海洋文化

紧跟深圳市全面建成全球海洋中心城市的步伐，我校致力于打造"儿童友好型"的海洋生态与文化主题校园，海洋生态体现在一砖一瓦里，海味十足！学校犹如海底大千世界：玻璃上的海底世界窗花、班牌上的小海藻、"星辰大海"体育场、海洋文化创客室……海洋软文化细节丰富呈现：海洋风明信片和录取通知书、海洋成长手册、海洋风格微课程、海洋主题节日活动等，开设了海洋海防教育课程和船模课程，渗透海洋生态意识。

学校的高品质办学获得社会各界的肯定，在宝安区委区政府、区教育局等上级部门的关心指导下，新校的软硬件建设以湾区"高定位、高品质、高发展"为定位稳步发展。截至目前，学校各类育人活动被媒体累计报道40余次（见图4-1）。

图4-1　南方都市报专版报道

（一）央视点赞：高起点，高定位

2020年10月13日，中央电视台《新闻联播》在报道深圳经济特区成立40年的辉煌成就专题中，用20秒专门报道海裕小学是宝安区新建学校"建一所优一所"的缩影（见图4-2）。

图4-2　海裕小学获央视点赞

（二）人大首肯：有温度，暖人心

2021年5月11日，宝安区人大、教育局、卫健局、市场监管局等专家领导到海裕小学调研学生午餐午休情况。海裕小学的午餐午休民生工程，解决了中午接送难的难题，利用空间，实施"午休幸福躺"，获得人大代表的充分肯定。打造海裕特色"午餐午休健康课程"：感恩教育，礼仪教育，健康小课堂微课程，睡前小故事，劳动教育等。

（三）示范学校：数有情，长怀爱

基于儿童友好与数据驱动，海裕小学全力打造"儿童友好型数字化海洋生态学校"和"未来数智校园"，作为宝安区教育系统唯一代表推荐参加深圳市儿童友好型示范学校评比，也被评为深圳市信息技术应用能力提升工程2.0试点学校。

（四）重点课题：高追求，强改革

学校秉持"问题即课题"的科研理念，科研工作"求实、求新、求细"，立项课题：2021年广东省教育科研规划重点课题"儿童友好视域下数据驱动的教育评价改革实践研究"、广东省教育科研规划一般课题"基于实践共同体的小学教研组建设的研究"以及宝安区课题6项，以课题引领教师专业发展，培养有研究意识、研究能力的科研型教师队伍。

（五）落实双减：严执行，扎实做

严格落实双减，依托深圳市作业设计样本，设计海裕特色低年级个性化作业；落实当堂作业及反馈，全批全改；七彩晚辅（课后服务）时间进行个别辅导；对学有余力的学生开展提升训练；每周三为无作业日，立足学生差异，丰富作业形式，优化作业设计，突出实践性作业。充分发挥作业育人、作业诊断的功能。如暑期，全学科没有布置书面暑假作业，而以"海洋主题"系列微课程开展项目主题式作业：编绘海洋故事绘本，制作指南针，尤克里里弹奏海洋乐曲，学唱海洋风英语歌曲，创编海洋韵律操等。在2021年8月31日，宝安日报以《深耕尚善教育点亮师生未来》为题对我校落实双减标杆示范进行了全面报道。

（六）校本课程：有体系，多样态

全体教师树立"无处不课程、无事不课程、无时不课程"的大课程观。线上、线下两条路径，构建国家基础课程、地方课程、校本课程一体化的新型课程体系——"135至善课程体系"，一个体系：至善课程体系；"文化基础、自主发展、社会参与"三个方面；"德智体美劳"五个领域。以课程观开展学校的教育教学工作，使学生具有六大尚善基因。研发了尚善基因、新生入学适应、幼小衔接、海洋主题、红星闪闪、红心向党、午餐午休等不同系列微课程，实现学生自我个性和潜能发展。2021年5月，深圳都市频道新闻第一现场、深圳卫视新闻点赞我校人人会弹唱尤克里里的课程设置。

（七）教育评价：多元化，多样性

制订"尚善基因评价"制度，推进过程评价与增值性评价相结合的多元评价方式，改革教育评价内容、形式、维度、手段。每月举行"人文基因之经典诵读评价、书法能力评价、阅读能力评价""科创基因之计算能力评价、问题解决能力评价""国际基因之英语歌曲演唱能力评价""五善"行为班级评价等。每学期以"海洋缤纷节"为平台，进行尚善基因学科素养综合评价，全员参与、全程展示、全面发展。

　　这里，建筑设计新颖、功能多样；这里，文化随处可见、寓意深远；这里，环境海味十足、设备俱全；这里，有数可依、依数而智——这是一所集海园、学园、家园、数园于一体的儿童友好型数字化海洋生态学校。

　　"看似寻常最奇崛，成如容易却艰辛。"海裕小学将紧跟湾区教育发展的步伐，带着尚善教育的情怀，风雨无阻，一往无前，在深圳教育的热土上书写壮丽的诗篇。

参考文献

[1] 习近平全国教育大会重要讲话金句速览[EB/OL].[2018–09–11].http://edu.people.com.cn/n1/2018/0911/c1053–30286259.html.

[2] 田中耕治.教育评价[M].高峡等译.北京：北京师范大学出版社，2011.

[3] 涂艳国.教育评价[M].北京：高等教育出版社，2007.

[4] 孙河川.教师评价指标体系的国际比较研究[M].商务印书馆，2011.

[5] 肖远军.教育评价原理及应用[M].杭州：浙江大学出版社，2004：34–35.

[6] 张岩.“互联网+教育”理念及模式探析[J].中国高教研究，2016（2）：70–73.

[7] 周谦.教育评价与统计[M].北京：科学出版社，1997.

[8] 邱均平，柴雯，马力.大数据环境对科学评价的影响研究[J].情报学报，2017，36（9）：871–877.

[9] 刘尧.中国教育评价发展现状与趋势评论[J].中国地质大学学报（社会科学版），2003（5）：59–62.

[10] 郭光亮，朱德全.教育评价发展的多元路径探析[J].中国高校科技，2018（11）：66–69.

[11] Necla Işıkdoğan Uğurlu,Nilay Kayhan. Examination to Attitudes of Classroom Teachers towards Educational Evaluation Process of Students with Special Needs[J]. Adıyaman

Üniversitesi Sosyal Bilimler Enstit ü s ü Dergisi, 2018.

[12] Amaechi C Ifeakor, Josephine U Anekwe. Rethinking Educational Evaluation for Quality Educational Outcomes[J]. Lwati: A Journal of Contemporary Research, 2012, 9（3）.

[13] Vasilios Grammatikopoulos. EDUCATIONAL EVALUATION: EVALUATION MODELS FOR EDUCATIONAL PROGRAMS[J]. Inquiries in Sport & Physical Education, 2006, 4（2）.

[14] 张晓露.英国教育部改革基础教育阶段学生评价模式[J].课程·教材·教法, 2014（5）.

[15] 孙河川.教师评价指标体系的国际比较研究[M].北京：商务印书馆，2011.

[16] 黄光扬.教育测量与评价[M].上海：华东师范大学出版社，2012.

[17] 黄光扬.教育统计与测量评价新编教程[M].上海：华东师范大学出版社，2013.

[18] 许世红，胡中锋，姚轶洁.基础教育学生评价研究：历史沿革、现实状况与未来走向[M].广东：广东高等教育出版社，2014.

[19] 辛涛，王烨辉，姜宇.基于学生核心素养的课程体系建构[J].基础教育论坛，2016（9）：34–37.

[20] 孙刚成，翟昕昕.义务教育教师轮岗交流制度的困境及其对策[J]. 教学与管理，2016（9）：21–24.

[21] 刘春，靳涌韬，宋英智. 学生核心素养教育评价改革的思考[J].教学与管理，2017（12）：69–71.

[22] 朱文芳.俄罗斯数学教育评价改革的动态与研究[J].课程·教材·教法，2006（2）：90–92.

[23] 徐静.小学生综合素质评价与培养的行动研究 ——以上海市J小学为例[D].上海：上海师范大学，2020.

[24] 聂相卿.小学低年级表现性评价研究——以H大学附属小学为例[D].开封：河南大学，2020.

[25] 李良桃，李欣，李改，王斌.中小学体育教师工作绩效评价研究综述[J]. 湖北体育科技，2012，31（2）：245–249.

[26] 李葆萍，周颖.基于大数据的教学评价研究[J].现代教育技术，2016（6）.

[27] 杨现民，顾家妮，邢蓓蓓."互联网+教育"时代数据驱动的教育评价体系架构与实践[J].浙江师范大学学报（社会科学版），2019（4）：16–25.

[28] 李烈.关于小学教育评价的思考[J].吉林教育，2018（9）.

[29]（英）威廉·莎士比亚.驯悍记[M].熊杰平译.北京：外语教学与研究出版社，2016.

[30] 史宁中.义务教育数学课程标准（2022年版）的修订与核心素养[J].教师教育学报，2022（3）.

[31]（宋）张载.张子全书[M].西安：西北大学出版社，2015.

[32] 朱永新.叶圣陶教育名篇选[M].北京：人民教育出版社，2014.

[33] 于漪.语文教学应以语言和思维训练为核心[J].课程·教材·教法，1994（6）：1–5.

[34]（捷克）夸美纽斯.大教学论[M].北京：教育科学出版社，2014.

[35] 李振村. 好的语文，一定要有好的故事[J].语文建设，2011（7）：12–13.

致谢

2020年是建设粤港澳大湾区和深圳建设特色社会主义先行示范区的关键之年。这一年，海裕小学开启了创校之路，究竟培养怎样的人才能应对日益复杂的国际形势？汪凌校长思考个人命运与国家命运、全球命运之间的关系，探索未来人才培养与发展方向，把学校的办学理念定为"尚善教育"，并带领建校团队围绕"尚善教育"开启了高屋建瓴、缜密严谨的顶层设计与思考，海裕IP文化解读由罗宜填、廖珊珊老师负责撰写。

翁丽丽、毕党程两位副校长带领行政团队罗宜填、石强、邹凌丽、罗礼红、邓恒奋、谢丽娟、吴宇斌，将"尚善教育"的办学理念以六大尚善工程为主线，自上而下地进行了逐层思考与具体实践，各行政部门搭建了六大善育工程的框架，学校建设的脉络日渐清晰，成果逐渐丰硕，学校也在宝安教育界崭露头角。

汪凌校长主持了广东省教育科研重点课题"儿童友好视域下数据驱动的教育评价改革实践研究"，带领课题组成员翁丽丽、毕党程、罗宜填、吴宇斌、邹凌丽、蒋银英、石强、罗礼红、邓恒奋、谢丽娟等，从"教育评价""儿童友好""数字化"等研究维度进行了翔实的文献综述，形成了一套从理论到实践"知行合一"的办学实践体系。翁丽丽副校长带领邹凌丽、邓恒奋、谢丽娟等，统一学校教师思想和认识，为课题研究明晰了"儿童友好"的实践意义和方向。毕党程副校长带领罗宜填、罗礼红、吴宇斌等，让"数字化"与"评价改革"理念深入人心，有力推动了课题实践与"数智校园"建设。

学校各行政部门以教育评价改革为指引，各备课组组长王琼、麦晓柔、谢荟茹、欧阳文秀、何洁莹、谭婉琳及各科组老师对"一、三、六、九"尚善精品活动进行了精心设计，形成了六大尚善节日文化品牌，并探索建立了"儿童友好"视域下的教育评价生态，形成了海裕小学基因评价的形式与手段。

感谢这两年所有的老师对这本书提供的专业支持。本课题在实践过程中，备课组长王琼、麦晓柔、谢荟如等带领备课组成员，深入学习国家新课程标准、宝安区学科教学主张等，探讨并形成了本校学科"教学主张与实施策略"，备课组学科老师围绕学科主张进行了课例研讨与开发，并在"评价与课程开发"的相关教学研究中，结合理念进行了生动的教学实践。

感谢家长、学生为课题研究提供的宝贵数据及案例。

感谢国家、省、市、区各级专家对学校办学实践提供的专业指导。深圳大学师范学院副院长、博导李臣之教授，福田区基础教育质量监测中心主任、正高级教师肖萍老师，坪山区教科院科研部主任王琦老师，以及宝安区教育科学研究院科研部主任杨涛老师对课题的研究方向、研究方法、评价体系及方式等提供了指导。

广东省音乐教研员杨健，深圳市教科院英语教研员郑民军，宝安区教科院语文教研员唐宝成、陈国富，宝安区英语教研员黎忠、黄楷，数学教研员张维国、高雅，科学教研员杜伟等，第一学区教研员谢雄龙、余映涛、胡少锋、张昆，滨海小学正高级教师王栋昌、海城小学陈永畅老师等均对海裕小学学科教学主张提供了指导。

感谢深圳数智未来科技有限公司在"数字化评价"方面提供了强大的技术支持，开发了校本化特色教学评价工具"海洋课堂"、钉钉平台"观议课""常规检查""尚善评比"等评价应用，并不断精进。感谢课题组成员吴宇斌老师为学校数字化建设与数字评价工具提出了切实可行的思路与路径。

感谢本书的校审团队罗宜填、吴宇斌、邹凌丽、蒋银英四位老师，协助收集与整理书稿材料。罗宜填、吴宇斌老师分工校对了书稿，他们逐字逐句不断修正，查验相关资料。

再次感谢所有为本课题研究提供建议和意见的同行和朋友！

课题研究小组